Elfriede Koch

# Du siehst die Sehnsucht in mir

*Begegnungen mit Frauen aus der Bibel*

scm R.Brockhaus

Die

Edition
AUF:ATMEN

erscheint in Zusammenarbeit
zwischen dem R. Brockhaus Verlag Wuppertal
und dem Bundes-Verlag Witten
Herausgeber: Ulrich Eggers

Die Bibelzitate wurden folgenden
Übersetzungen entnommen:
Soweit nicht anders angegeben: Neues Leben.

Satz: Ralf Krauß, Herrenberg
Umschlaggestaltung: Dietmar Reichert, Dormagen
Druck: Finidr s.r.o., Tschechien
ISBN-10: 3-417-24495-1
ISBN-13: 978-3-417-24495-3
Bestell Nr. 224.495

# VORWORT

„Nie wäre ich auf die Idee gekommen, dass die Geschichten in der Bibel etwas mit mir selber zu tun haben könnten!“, sagte eine Frau als Reaktion auf mein erstes Buch „Den Durst meiner Seele stillen“. Sie hat damit genau das ausgedrückt, worum es mir auch in diesem Folgeband geht: zu erfahren, was die biblischen Geschichten mit uns heute zu tun haben. Zu zeigen, dass es sich da um Menschen handelt, die uns ganz nahe sind, trotz der anderen Zeit und der fremden Kultur, in der sie lebten. Sich selbst wieder zu finden in ihren Sehnsüchten, ihren Hoffnungen und Ängsten, ihren Tränen und ihren Freuden, ihrer Liebe und ihrem Zorn. Und vor allem: zu entdecken, wie sie in ihrer Beziehung zu Gott Erfahrungen gemacht haben, die auch wir mit diesem lebendigen Gott auf ähnliche Weise machen können. Er ist ja derselbe, heute wie damals.

Aus der Meditation über die biblischen Geschichten sind die nachfolgenden Bilder und Texte entstanden. Meine Erlebnisse mit ganz normalen Menschen von heute haben sich mit den Eindrücken aus der Bibel verbunden. Seelsorgerliche Gespräche, Begegnungen in Gruppen und Kreisen, im Schulunterricht oder in Freundschaften haben manches ans Licht gebracht, was mir auf einmal ein Bibelwort neu erschlossen oder eine neue Perspektive eröffnet hat. Wie in meinem vorherigen Buch möchte ich auch jetzt die Leser und Leserinnen einladen, sich Zeit zu lassen, es nachdenkend und mitfühlend, meditierend und betend im Innern zu bewegen und auch in der Bibel selbst nachzuschlagen, um den ganzen Zusammenhang besser zu erfassen. Rechnen Sie damit, dass der lebendige Jesus Christus auch heute noch Menschen begegnen und Leben verändern kann!

Mein herzlicher Dank gilt all denen, die direkt und indirekt an diesem Buch mitgewirkt haben: durch Gesprächsbeiträge und Denkanstöße, durch Modellstehen für die Zeichnungen oder durch Bearbeitung der Texte am Computer. Durch konstruktive Kritik oder Reaktionen auf mein voriges Buch, durch Ermutigung und Unterstützung. Dazu gehören vor allem mein Mann, meine Kinder und Schwiegerkinder, meine Mutter und meine Geschwister, meine Freundinnen, Schüler und Schülerinnen und die Mitglieder meiner Bibelkreise und Gesprächsgruppen. Danke an euch alle!

Elfriede Koch

# Du siehst die Sehnsucht in mir

# Nur eine einzige Sehnsucht

## Hanna

*Elkana hatte zwei Frauen, Hanna und Peninna. Peninna hatte Kinder, aber Hanna war kinderlos geblieben. Eines Tages, nachdem sie in Silo gegessen und getrunken hatten, ging Hanna zum Heiligtum des Herrn. Dort saß der Priester Eli am Platz neben dem Eingang. Hanna war ganz in ihrem Kummer versunken und weinte bitterlich, während sie zum Herrn flehte.*

*Eli beobachtete sie, während sie lange Zeit zum Herrn betete. Er sah, dass ihre Lippen sich bewegten, aber hörte nichts, weil Hanna nur im Stillen für sich betete. Er dachte deshalb, sie habe getrunken. „Musstest du betrunken hierher kommen?“, wollte er wissen. „Werde erst einmal wieder nüchtern!“*

*„Nein, Herr!“, antwortete sie. „Ich bin nicht betrunken! Aber ich bin sehr traurig und habe dem Herrn mein Herz ausgeschüttet. Denk nicht, dass ich eine schlechte Frau bin. Ich habe aus großem Kummer und Leid gebetet.“*

*„Dann geh in Frieden“, sagte Eli, „der Gott Israels wird dir deine Bitte, die du hast, erfüllen.“*

*„Lass mich Gunst in deinen Augen finden!“, rief sie. Dann ging sie zurück und fing wieder an zu essen und sie war nicht mehr traurig.*

*Als Elkana mit Hanna schlief, erhörte der Herr ihre Bitte. Sie wurde schwanger und brachte, als es so weit war, einen Sohn zur Welt. Sie nannte ihn Samuel, denn sie sagte: „Ich habe ihn vom Herrn erbeten.“*

*(1. Samuel 1,1.9-10.12-17.19.20)*

*Schon wieder.*
*Schon wieder ertönt der Schrei*
*eines Neugeborenen*
*in der Nachbarschaft.*
*Schon wieder höre ich*
*Lachen und Glückwünsche.*
*Sie gelten nicht mir.*
*Niemals mir.*
*Ich halte mir*
*die Ohren zu.*

*Schon wieder*
*sehe ich die andere*
*mit den Armen voller jungem Leben.*
*Auf ihrem Schoß*
*drängeln sich die Kleinen.*
*An ihren Knien*
*wird gespielt und gelacht.*
*Ich halte mir*
*die Augen zu.*

*Meine Arme*
*sind leer.*
*Mein Schoß*
*ist leer.*
*Und mein Herz?*
*Lieber nicht daran denken.*
*Lieber nichts spüren.*
*Lieber tot sein.*

*Aber ich will doch*
*leben!*

*Niemand versteht mich.*
*Die Frauen verachten mich.*
*Sie blicken auf mich*
*mit Stolz.*
*Sie denken:*
*„Zum Glück*
*habe ich Kinder!“*
*Sie behandeln mich*
*wie einen verdorrten, abgestorbenen Baum.*
*Eine dürre, leere Kornähre.*
*Einen versiegten, ausgetrockneten Brunnen.*
*Zu nichts mehr nütze.*

*Die Männer übersehen mich.*
*Ich bin wertlos*
*für die Gesellschaft.*
*Ich existiere nicht.*

*Und mein Mann?*
*Er liebt mich.*
*Aber er wird nie verstehen,*
*was ich durchmache.*
*Er will meinen Schmerz nicht wahrhaben.*
*Er will nichts von meinem Kummer hören.*
*Denn er kann ihn mir nicht nehmen.*
*Er wird ärgerlich,*
*wenn ich traurig bin.*

*Wohin,*
*ach wohin,*
*soll ich gehen*
*mit diesem unerträglichen Schmerz?*
*Mit dieser Leere in mir,*
*mit dieser Sehnsucht,*
*mit dem brennenden Wunsch*
*und der bitteren Enttäuschung?*
*Ist da niemand,*
*der mich versteht?*

*Ich wage es.*
*Ich wende mich an Dich,*
*Du Unsichtbarer,*
*Unbegreiflicher.*
*Du kennst meine Wünsche,*
*Du verstehst meine Sehnsucht.*
*Hast Du nicht selbst*
*diese Sehnsucht in mein Herz gelegt?*
*Nur Du hast die Macht,*
*sie zu stillen.*
*Oder sie auszulöschen.*
*Herr, tue eins von beidem.*
*Ich ertrage es nicht länger.*
*Höre mich, Herr!*

*Wenn ich zu Dir bete,*
*löst sich etwas in mir.*
*Die Tränen fließen.*
*Die Worte strömen.*
*Der Schmerz erwacht,*
*die Sehnsucht erwacht,*
*das Leben erwacht.*
*In Deiner Gegenwart*
*schmilzt der Eisklumpen in mir.*
*Ich ahne:*
*Du hörst mich, Herr!*
*Du siehst mich an.*
*Du nimmst mich wahr.*
*Für dich bin ich wichtig.*
*Auch ohne Kind.*
*Du siehst einen Sinn*
*in meinem Dasein,*
*auch wenn ich niemals*
*Mutter werde.*

*Du hast meine Sehnsucht*
*nicht ausgelöscht*
*und nicht gestillt.*
*Aber verwandelt.*
*Jetzt kann ich*
*damit leben.*
*Jetzt spüre ich,*
*wozu sie da ist.*
*Sie hat mich*
*zu Dir gebracht.*

*Wie immer.*
*Spott.*
*Verachtung.*
*Missverstandenwerden.*
*Ich bin es gewohnt,*
*schon lange.*
*Aber heute*
*nehme ich es nicht mehr hin.*
*Ich schlucke nicht mehr*
*alle Demütigungen herunter.*
*Ich wehre mich,*
*ich verteidige mich.*
*Hier vor Deinem Altar, Herr,*
*habe ich die Kraft,*
*die Wahrheit auszusprechen,*
*denn du kennst sie.*
*Du kennst mich.*
*Ich finde*
*die rechten Worte.*
*Ich finde*
*Verständnis.*
*Ich gehe*
*getröstet.*

*Herr,*
*Du hast mich angesehen.*
*So wie ich jetzt*
*mein Kind ansehe.*

*Deine Augen*
*leuchten über mir,*
*wie meine jetzt leuchten,*
*über meinem Kind.*

*Dein Geschenk.*
*Nein – Deine Leihgabe!*
*Ich werde es*
*wieder hergeben müssen.*
*Aber nie mehr*
*werde ich verlieren,*
*was Du mir gegeben hast:*
*die Gewissheit,*
*dass ich wertgeachtet bin*
*in Deinen Augen.*

„Was ist nur los mit den Frauen in der Bibel?", fragte Akiko kopfschüttelnd. Die zierliche Japanerin gehörte zu unserer internationalen Bibel-Gesprächsgruppe für Frauen in Dar es Salaam, wo wir einige Jahre lang als Missionare tätig waren. Akiko saß inmitten einer bunt gemischten Gruppe aus den unterschiedlichsten Ländern und Kulturen. Frauen aus aller Welt waren hier versammelt und lasen gemeinsam in der Bibel. Zurzeit beschäftigten wir uns mit den Frauengestalten der Bibel und hatten uns gerade Hanna, die Mutter des Propheten Samuel, vorgenommen. Und der Anfang der Geschichte erschien uns seltsam bekannt ... „Ja, wirklich! Wieso können da so viele keine Kinder kriegen?", wunderte sich Joyce, eine gewaltige Westafrikanerin mit tiefer, volltönender Stimme. „Sara, Rebekka, Elisabeth – fast jede Frau, von der wir bisher in der Bibel gelesen haben, hatte das gleiche Problem: Unfruchtbarkeit!" Loretta, die anmutige Inderin im pastellfarbenen Sari, wiegte sinnend den Kopf. „Schließlich sind das ja alles Mütter von besonders bedeutenden Söhnen!", gab sie zu bedenken. „Vielleicht hat Gott sie besonders lange auf ihr Kind warten lassen, damit sie es dann mit besonderer Sorgfalt erziehen?" „Ja, natürlich!", stimmten die anderen zu. „Eine Frau hat jahrelang nur eine Sehnsucht und erlebt Monat für Monat die gleiche Enttäuschung. Sie muss zusehen, wie andere, von denen sie auch noch verachtet wird, ihr Mutterglück genießen. Da wird sie doch niemals in der Gefahr sein, ihr Kind zu vernachlässigen oder als etwas Selbstverständliches zu betrachten. Sie wird sich immer bewusst sein, dass so ein Kind ein ganz wunderbares Geschenk von Gott ist, oder sogar nur eine Leihgabe, wie Hanna es empfand!"

Unsere Gespräche gingen lebhaft hin und her. Egal, aus welcher Kultur wir kamen, Mutterschaft und Kindererziehung interessierten uns alle. Die Asiatinnen und Afrikanerinnen äußerten lebhaft, wie unverständlich sie es fanden, dass die weißen Frauen nur noch so wenig Kinder haben wollten. „Und dass manche freiwillig ganz auf Kinder verzichten, und gar keine wollen! Nur wegen ihrer Karriere!", ereiferte sich Joyce. „Das ist doch so wie ein Apfelbaum, der keine Früchte tragen will!" Wir Europäerinnen versuchten, Verständnis dafür zu wecken, dass das Leben einer Frau auch auf andere Weise „fruchtbar", erfüllt und sinnvoll sein kann, und dass der Wert einer Frau nicht von ihren Kindern abhängt. Doch während unsere Diskussion hin- und herging, wurden einige immer stiller und bedrückter. „Ich wünschte nur ...", murmelte Tatjana aus Russland kaum hörbar, „ich wünschte nur, in der Bibel wäre auch eine einzige Geschichte erzählt von einer Frau, die ihr Leben lang kinderlos geblieben ist und dennoch ein erfülltes Leben geführt hat ..."

Keine einzige Frau war im Raum, die diesen Seufzer nicht verstanden hätte. Denn Tatjana war kinderlos. Und das schon lange, sehr lange. Es gab keine Hoffnung mehr für sie, und sie hatte sich unter großen Schmerzen mit ihrem Schicksal abgefunden. Doch immer wieder wurde die kaum verheilte Wunde aufgerissen. In der Bibel eine Geschichte nach der anderen zu lesen, die davon erzählte, wie Frauen das gleiche Problem gehabt hatten und jedes Mal auf wunderbare Weise davon befreit worden waren – und selbst dieses Wunder nie erlebt zu haben! –, war für Tatjana schwer zu verkraften. So, wie es meiner blinden Freundin mit den Geschichten von Blindenheilungen geht, und den Eltern, die ein geliebtes Kind verloren haben, mit den Totenerweckungen Jesu, geht es den kinderlosen Menschen mit diesen Erzählungen von unfruchtbaren Frauen, die doch noch Mutter wurden. Nicht totzukriegen ist die Frage: „Herr, wenn du das tun kannst, warum tust du es nicht für mich? Und was nützt es mir zu lesen, wie Sara, Hanna und Elisabeth jubeln? Warum nicht ich?"

Ja, auch ich wünschte, es gäbe in der Bibel Geschichten für diese dauerhaft kinderlosen Frauen. Ich weiß keine, jedenfalls keine, in der es eindeutig und klar wird, dass eine Frau kinderlos blieb und dennoch Gottes Hilfe erfahren hat. Wohl gibt es Frauen, die in der Bibel gewürdigt und gelobt werden, ohne dass etwas über ihr Muttersein ausgesagt wird. Die Prophetin Deborah wird z. B. „Mutter in Israel" genannt, ohne dass je etwas über ihre leiblichen Kinder erzählt wird. Im Neuen Testament hören wir von der anderen Hanna, einer Prophetin, die schon früh verwitwet war und seitdem ihr Leben im Tempel zubrachte. Auch da wird nichts von Kindern erwähnt. Und es gibt Trostworte speziell für kinderlose Frauen, denen Gott zusagt, dass sie Erfüllung finden. Aber es bleibt doch dabei, dass Frauen wie Tatjana mit einer tiefen, ungestillten Sehnsucht leben müssen, einer Sehnsucht, die so natürlich und berechtigt, so verständlich und bewegend ist wie nur je eine.

In unserer Frauengruppe spürten wir alle, dass wir uns leicht mit Tatjana identifizieren konnten. Und wir kamen im Gespräch darauf, dass wir alle diese Sehnsucht kannten. Ja, selbst, nachdem wir Mutter geworden waren, war noch etwas von dieser Sehnsucht ungestillt geblieben. Denn ihre Wurzeln reichen tiefer. Der Wunsch, fruchtbar zu sein, ist nicht mit der Geburt noch so vieler Kinder gestillt. Es ist ja der Wunsch, Leben weiterzugeben, einen einmaligen, unverwechselbaren Beitrag für die Zukunft der Menschheit zu leisten, sich liebevoll und schöpferisch zu verströmen. Da geht es nicht nur darum, geliebt zu werden und für jemanden unersetzbar wichtig zu sein. Auch nicht darum, jemanden zu haben, den man mit Liebe und Zärtlichkeit überschütten kann. Sondern es geht darum, dass etwas von mir weiterlebt. Dass ich Spuren hinterlasse, die noch bestehen, wenn ich nicht mehr auf der Welt bin. Es ist die Sehnsucht nach Ewigkeit.

Frucht bringen ist so viel mehr als nur Erfolg. Fruchtbar sein ist so viel schöner als nur „etwas produzieren“, etwas „machen“. Es heißt, beteiligt sein an dem Werk des Schöpfers. Teilhaben an dem, was Gott tut. Ein Werkzeug sein, durch das die lebensschaffende Kraft Gottes wirkt. Wer in diesen Prozess hineingenommen wird, wird gleichzeitig tief gedemütigt und hoch geehrt. Dass ich würdig bin, so etwas Herrliches wie menschliches Leben mit zu schaffen, ist atemberaubend. Und gleichzeitig spüren gerade wir Frauen bei Schwangerschaft und Geburt: Da wirkt etwas in uns, das unendlich viel größer ist als wir selbst, und wir haben kaum eine Chance, uns dagegen aufzulehnen. Die Geburt meiner beiden Kinder war für mich jedes Mal eine tiefe, spirituelle Erfahrung, ja, eine Gottesbegegnung. Ich spürte, dass es hier nur noch darum ging, sich hinzugeben und fallen zu lassen. Wenn die Wellen der Wehen über mich kamen, war es sinnlos, dagegen anzukämpfen oder sich angstvoll zu verkrampfen. Nur eines führte zum Ziel: sich vertrauensvoll dem Werk des Lebens im eigenen Körper zu überlassen und gleichzeitig mit intensiver Bereitschaft und aller Kraft dabei mitzuwirken. Ja sagen dazu und sich voll hineinbegeben.

Immer wieder habe ich mich auch im geistlichen Leben an diese Geburtserfahrungen erinnert gefühlt. Diese Verbindung von völliger Hingabe und aktiver Bereitschaft war immer wieder genau die Haltung, die ich Gott gegenüber einnehmen musste, um im Glaubensleben weiterzukommen. Und ich begann zu ahnen, dass die tiefe Sehnsucht nach Fruchtbarkeit im Grunde die Sehnsucht nach Gott ist, nach der Quelle allen Lebens.

Hier leuchtet nun auch etwas auf, was schon manchen kinderlosen Menschen geholfen hat bei der Bewältigung ihres Schicksals. Wenn die Sehnsucht nach Fruchtbarkeit der Sehnsucht nach Gott entspringt, und wenn sie selbst durch noch so viel Nachwuchs oder andere schöpferische Werke nicht gestillt wird, dann gibt es für uns alle, ob kinderlos oder kinderreich, nur einen Weg: uns von dieser Sehnsucht zu Gott hinziehen zu lassen. Es wird wohl ein Leben lang wehtun. Die Sehnsucht wird sich verkleiden als Sehnsucht nach bestimmten Menschen, nach dem Gefühl des Lebendigseins, nach bestimmten Erfahrungen. Vielleicht auch scheinbar oberflächlich nach dem Erleben von Abenteuer und Spaß. Aber sie wird nie gestillt werden, bevor wir nicht am Ziel unseres Lebens angekommen sind. Und mittlerweile wird sie dazu dienen, uns anzutreiben und in Bewegung zu halten, damit wir uns ausstrecken nach Gott und für ihn offen bleiben.

Hanna hat sich von ihrem ungestillten Wunsch zu Gott ziehen lassen. Wir können einiges von ihr lernen. Wir können unsere geheimsten Wünsche und Sehnsüchte wie sie zu Gott bringen und vor ihm ausschütten. So wie Hanna alle Zurückhaltung aufgeben, alles, was sich im Inneren aufgestaut hat, hervorbrechen lassen, im Gespräch mit Gott und im Angesicht Gottes allen Kummer und alle Tränen herausströmen lassen, mit Worten oder ohne sie – das tut gut! Und ganz egal, ob unsere einzelnen konkreten Wünsche erfüllt werden oder nicht, wir werden doch eine Verwandlung spüren. Wir werden erleben, dass wir vor Gott echt und aufrichtig werden, wenn wir aufhören, unsere Sehnsucht zu unterdrücken, zu leugnen oder abzutöten. Wenn wir dazu stehen und sie Gott hinhalten, wenn wir mit ihm darüber ins Gespräch kommen, dann wird unsere Sehnsucht zu der Kraft, die uns innerlich am Leben hält.

Es ist durchaus möglich, dass bei Hanna, als sie sich öffnete, eine innere Blockade gelöst wurde, die es ihr erst ermöglichte, ein Kind zu empfangen. Wenn wir vor Gott ehrlich werden, können manche Hindernisse weggeräumt werden, die zwischen uns und unserem Wunsch stehen, sodass wir unerwartet bekommen, wonach wir uns gesehnt haben. Es ist aber auch möglich, dass der unerfüllte Wunsch zwar unbeantwortet bleibt, wir uns aber damit versöhnen und den Schmerz aushalten können. In jedem Fall werden wir durch diese Öffnung unseres Herzens mit der schöpferischen, lebensschaffenden, freisetzenden Kraft Gottes in Kontakt kommen. Und dann kann es sein, dass wir auf einer ganz anderen Ebene und in einem ganz anderen Bereich Fruchtbarkeit entfalten, als wir es gedacht hätten.

Damals in unserer internationalen Frauenbibelgruppe in Afrika haben wir sicher nicht alle diese Gedanken ausdiskutiert, aber sie klangen an. Wir versuchten, Tatjana in ihrem Kummer zu begleiten und zu trösten, und wurden dabei selbst getröstet. Wir entdeckten, dass in uns allen die schöpferische Kraft irgendwo blockiert war und keinen Ausdruck gefunden hatte. Und wir erlebten wieder neu den Schmerz darüber, unsere eigene Sehnsucht so stark zu fühlen. Aber wir erahnten auch die vielen, vielen Möglichkeiten, wo wir uns als Werkzeuge für Gottes schöpferische Kraft zur Verfügung stellen konnten, unabhängig davon, ob wir Kinder hatten oder nicht.

Wir beteten dann gemeinsam für Tatjana und alle anderen kinderlosen Frauen. Wir erbaten für sie, dass sie einmal rückblickend voll Staunen erkennen können, dass Jesajas Prophezeiung für sie trotz allem wahr geworden ist:

„... sodass deine Söhne, du Kinderlose, noch sagen werden vor deinen Ohren: Der Raum ist mir zu eng, mach mir Platz. Du aber wirst sagen in deinem Herzen: Wer hat mir diese geboren? Ich war unfruchtbar und einsam – wer hat mir diese aufgezogen? ... Dann werden sie deine Söhne in den Armen herbringen und deine Töchter auf den Schultern hertragen ... Da wirst du erfahren, dass ich der Herr bin, an dem nicht zuschanden werden, die auf mich harren“ (Jesaja 49,20-23; Luther).

Mögen diese Kinder auch ganz anders aussehen, als wir sie uns vorgestellt haben, und ihre Herkunft für uns völlig überraschend sein – es wird Früchte unserer Liebe und unserer Lebendigkeit geben. Denn ein Leben mit Gott kann unmöglich unfruchtbar bleiben.

# Trotz allem mutig handeln

## Abigajil

*Ein wohlhabender Mann aus Maon hatte Grundbesitz in Karmel. Der Name des Mannes war Nabal. Seine Frau Abigajil war eine kluge und schöne Frau. Doch Nabal, ein Nachkomme Kalebs, war grob und unehrlich.*

*Als David in der Wüste hörte, dass Nabal seine Schafe schor, schickte er zehn seiner jungen Männer nach Karmel. Sie wollten Nabal Grüße von ihm ausrichten und ihm sagen: „Bitte empfange meine Männer freundlich, denn wir sind an einem Festtag gekommen. Gib ihnen und deinem Sohn David bitte, was immer du gerade zur Hand hast.“ Davids junge Männer überbrachten Nabal die Botschaft im Namen Davids und warteten auf seine Antwort.*

*„Wer ist dieser David?“, spottete Nabal. „Für wen hält dieser Sohn Isais sich?“ Die Boten kehrten zu David zurück und berichteten ihm alles.*

*„Holt eure Schwerter!“, sagte David und er und seine Männer schnallten sich ihre Schwerter um. Mit 400 Mann machte er sich auf den Weg; 200 blieben zurück, um das Lager zu bewachen.*

*In der Zwischenzeit ging einer von Nabals Knechten zu Abigajil und berichtete ihr: „David hat Boten aus der Wüste geschickt, die unseren*

*Herrn grüßen sollten, aber er hat sie beschimpft. Dabei waren die Männer sehr gut zu uns und haben uns nie etwas getan. Überleg doch, was du tun kannst, denn unser Herr und sein ganzes Haus stürzen sonst ins Unglück. Er ist so übellaunig, dass niemand mit ihm reden kann.“*

*Abigajil verlor keine Zeit. Schnell nahm sie 200 Brote, zwei Schläuche Wein, fünf zubereitete Schafe, etwa fünf Sea geröstetes Korn, 100 Rosinenkuchen und 200 Feigenkuchen.*

*Als sie im Schutz des Berges auf ihrem Esel abwärts ritt, sah sie David und seine Männer auf sich zukommen.*

*Als Abigajil David sah, stieg sie rasch von ihrem Esel und verbeugte sich tief vor ihm. Sie warf sich ihm zu Füßen und sagte: „Mich trifft alle Schuld in dieser Sache, mein Herr. Bitte lass mich mit dir reden und hör an, was ich zu sagen habe. Beachte doch Nabal, diesen bösartigen Menschen, nicht. Er ist ein Narr, wie schon sein Name sagt. Ich aber habe deine Boten, die du geschickt hast, nie zu Gesicht bekommen.“*

*(1. Samuel 25,2-5.8-10.12-15.17. 18.20.23-25)*

*Geschrei*
*von fern.*
*Die Stimme meines Mannes.*
*Voll sinnloser Wut – wie immer.*
*Nicht schon wieder!*
*Immer nur Zank,*
*Ärger,*
*Gebrüll.*
*Tag für Tag.*
*Was hat er jetzt*
*schon wieder angerichtet?*

*Was ist das für ein Leben?*
*Tag für Tag*
*Streit mit den Knechten,*
*Streit mit den Nachbarn,*
*Streit mit den Hirten,*
*Streit mit den Dienerinnen.*
*Tag für Tag*
*ausgleichen,*
*wieder gutmachen,*
*Streit schlichten,*
*besänftigen,*
*Fehler ausbügeln.*
*Mein Schicksal.*
*Wie lange noch?*
*Am liebsten würde ich weglaufen.*
*Aber wohin?*
*Nein, ich gebe nicht auf.*
*Ich werde hingehen,*
*und sehen, was sich machen lässt.*
*Solange ich kann,*
*tue ich, was ich kann.*

*Schnell, nur schnell!*
*Keine Zeit zum Nachdenken.*
*Das Schlimmste muss verhütet werden.*
*Es geht um Leben oder Tod.*
*Ich wusste es schon lange:*
*Eines Tages wird seine Dummheit*
*uns alle zerstören.*
*Aber noch immer*
*kann ich handeln.*
*Noch hören sie auf mich,*
*die Knechte und Mägde.*
*Noch kann ich befehlen und ordnen.*
*Noch kann ich*
*das Schlimmste verhüten.*
*Gott helfe mir!*

*Gehe ich dem Tod entgegen?*
*Wird dieser fremde Mann auf mich hören?*
*Oder wird er so sein wie mein Mann,*
*der sich nie etwas sagen lässt,*
*der taub ist für jeden Rat,*
*bei dem jedes Wort verschwendet ist?*
*O Gott, gib mir die rechten Worte!*
*Wenn nicht –*
*was habe ich zu verlieren?*
*Kann der Tod schlimmer sein*
*als das Leben, das ich führen muss?*
*Ich muss es wagen!*
*Vielleicht kann ich*
*wenigstens einige Menschenleben retten!*

Eine schöne, kluge Frau, verheiratet mit einem groben und gemeinen Kerl ohne Feingefühl und Intelligenz – welch eine Tragödie! Wer solch eine Geschichte liest oder solch einem Paar begegnet, den lässt das wohl kaum gleichgültig. Sofort ist das Interesse geweckt, und sofort sind die Sympathien klar: Wer würde mit solch einer Frau nicht mitfühlen? Und genauso schnell ist auch die Versuchung da, sich nun mit dieser Frau gegen ihren bösen Mann zu verbünden – das stellt eine echte Gefahr dar. Wie leicht ist es, die armen, misshandelten Frauen zu unterstützen, indem man sie aufhetzt gegen ihre Männer! Wie leicht ist es, ihre Zuneigung zu gewinnen, indem man ihnen zu verstehen gibt, dass man sie für bedauernswerte, unschuldige Märtyrerinnen hält, gegen die sich die Schlechtigkeit ihrer Männer nur umso grässlicher abhebt! Wie leicht ist das, und wie nutzlos. Denn was bringt es schon? Es verstärkt doch nur Selbstmitleid und Bitterkeit, verführt zu noch mehr Hass und Feindschaft und ermutigt zu eben dem selbstgerechten und hochmütigen Denken, das in dieser Situation alles nur noch schlimmer macht. Denn wird der Mann nicht erst recht zur Flasche greifen und gewalttätig werden, wenn ihm immer vor Augen gehalten wird, wie viel schlechter er doch ist als seine engelsgleiche, gütige und tugendhafte Frau? Bleibt ihm ein anderer Weg als Suff und Aggression, wenn er so eindeutig in der Rolle des Bösen steckt?

Ist es denn jemals so eindeutig, wer der Böse und wer der Gute ist? Zugegeben, manchmal sieht es ziemlich klar aus. Im Fall von Nabal und Abigajil scheint es da keine Zweifel zu geben: Nabal ist der Böse, Abigajil die Gute. Aber wer weiß schon, wie solch ein „böser“ Mann zu dem geworden ist, was er ist?

Doch gibt es andere Möglichkeiten außer dem Mitleid mit solchen Frauen? Wie kann man einer Frau helfen, die in solch einer Lage ist? Für Seelsorger früherer Generationen war es fast selbstverständlich, diese Frauen zum tapferen Dulden zu ermutigen. Alles verzeihen, immer und immer wieder, unermüdlich Liebe und Verständnis aufbringen, ja vielleicht sogar die Fehler bei sich selbst suchen, unablässig nach dem Wohl des anderen streben, dem Mann trotz allem Achtung entgegenbringen, demütig dienen, nichts nachtragen ... Ich will nicht abstreiten, dass manche Frauen mit Gottes Hilfe auf diesem Weg über sich hinausgewachsen sind und sogar bewirkt haben, dass ihre Männer sich verändert haben. Wo echte, tiefe Liebe da ist, wo ein Mensch vielleicht hinter den Taten des andern die Ursachen dieses Handelns sieht, und wo ein Mensch weiß, dass er selbst auch schwach und fehlbar ist, da kann dieser Weg des Duldens und Ertragens tatsächlich heilsam sein. Doch die Gefahr besteht, dass sich so eine gegenseitige Abhängigkeit entwickelt, in die sich beide mehr und mehr verstricken und die sie in einem steten Teufelskreis immer mehr nach unten zieht. Es ist mir freilich klar, dass es in früheren Zeiten, wo Frauen keine eigene Möglichkeit zu selbstständiger Arbeit hatten, kaum einen anderen Ausweg gab als diese Dulderhaltung. Doch wie viele Frauen sind daran wohl zerbrochen? (Und, übrigens, auch Männer in ähnlichen Situationen?) Wie viele Menschen haben sich kleiner und immer kleiner gemacht, alles geduldet und verziehen, ihren Zorn unterdrückt und den aufkeimenden Hass verdrängt, bis von ihrer Kraft und ihrem Selbstwertgefühl nichts mehr übrig war, bis sie in Depression versanken oder schwer krank wurden?

Nicht so Abigajil. Diese Frau war offenbar nicht so leicht klein zu kriegen. Hier sehen wir eine Frauengestalt mit erstaunlicher Kraft. Die Ehe mit Nabal hat sie nicht zu einem resignierten, verschüchterten Angsthäschen machen können. Vermutlich bestand ihr Alltag darin, so weit wie möglich wieder gutzumachen, was Nabal angerichtet hatte. Die Mitarbeiter bei Laune halten, die Nachbarn besänftigen, Wogen glätten, beschwichtigen, Spuren verwischen ... Offenbar waren die Knechte schon daran gewöhnt, sich an sie zu wenden, wenn Nabal wieder etwas Dummes angestellt hatte. „Die Herrin wird es schon wieder in Ordnung bringen!“, wird es im Haushalt Nabals geheißen haben. Es wäre sicher oft leichter gewesen, alles laufen zu lassen und sich zu sagen: „Was kann ich da schon machen? Nabal ist schuld!“ Doch Abigajil sieht, dass sie durchaus noch eigene Freiräume hat. Mutig und selbstbewusst ergreift sie die Verantwortung für das, was geschieht. Sie ist kein hilfloses Opfer. Sie hat Macht und Einfluss und wird selbst aktiv. Dabei wagt sie sogar, direkt gegen den Willen ihres Mannes zu handeln. Sie distanziert sich von ihm, sie bewahrt ihre Selbstständigkeit und ihren eigenen Handlungsspielraum. Während er durch sein egoistisches und kurzsichtiges Verhalten nicht nur sich selbst, sondern alle seine Hausgenossen in Gefahr bringt, rettet sie durch ihre Klugheit auch ihm das Leben – zunächst einmal.

Wir sehen, wie Abigajil ihren gesamten Charme, ihre Beredsamkeit und ihr diplomatisches Geschick aufwendet. Es gehört schon einiges dazu, einen wutentbrannten, kampfbereiten, rachedurstigen Krieger zur Besinnung zu bringen! Aber sie trifft zielsicher den Ton, der bei ihm ankommt. Was ihr bei ihrem Mann nie gelungen ist, hier klappt es: Sie wird gehört, sie wird beachtet, sie kann überzeugen! Wohl deshalb, weil sie diesen David auf seinen Glauben ansprechen kann. Sie kann ihn an das erinnern, was ihnen wohl beiden wichtig ist: der Wunsch, Gottes Willen zu tun. Das Vertrauen auf Gottes Gerechtigkeit. Der hohe Wert eines reinen Gewissens.

In Abigajils Fall geht die Geschichte bilderbuchartig gut aus: Der böse Mann stirbt an den Folgen seines eigenen Fehlverhaltens. Der „Märchenprinz“ in Gestalt des gut aussehenden, edlen und gottesfürchtigen David nimmt sich Abigajils an und führt sie als seine Braut heim. Happy end? Ob Abigajil später im Harem des Königs glücklich gewesen ist? Ob sie die fürchterlichen Kämpfe der verschiedenen Söhne Davids um die Thronnachfolge miterlebt hat? Wir hören nichts mehr von ihr außer der Nachricht, dass sie David einen Sohn geboren hat. Soll und darf ich den Menschen, die in einer unglücklichen Beziehung leiden, solch ein Schicksal wie das der Abigajil wünschen? Soll und darf ich ihnen Abigajil als Vorbild hinstellen, als Ermutigung? Oder weckt das nur falsche Wünsche, verführt zu falschen Träumen?

Vielleicht können wir alle, ob glücklich oder unglücklich verheiratet, doch immerhin einiges von ihr lernen, auch wenn wir sie keinesfalls in allem zum Vorbild machen wollen. Es wird ja auch mit keinem Wort in der Bibel gesagt, dass sie nachgeahmt werden soll. Es gefällt mir, dass die meisten Geschichten in der Bibel mir die Wahl lassen, ob ich mich mit einer der Personen identifizieren möchte, oder ob ich sie vielleicht eher als abschreckendes Beispiel zur Kenntnis nehme. Mir gefällt keineswegs alles an Abigajil. Wie abfällig sie über ihren Mann redet – „Den brauchst du nicht ernst zu nehmen! Er ist nur ein bösartiger Dummkopf!“ Selbst wenn das die Wahrheit war, wovon man in diesem Fall ausgehen kann – es ist unschön, so vom eigenen Ehepartner zu reden. Manchmal muss man sich gewiss von dem distanzieren, was der Ehepartner sagt und tut. Gewiss darf jeder sagen: „Da stimme ich nicht mit meinem Partner überein! Da bin ich anderer Meinung!“ Unbegrenzte Solidarität kann es wohl nur bei sehr wenigen Paaren geben.

Nun, halten wir es Abigajil zugute, dass sie in einer echten Notlage war. Es ging um Leben oder Tod, es ging darum, einen wutentbrannten Feind zu besänftigen und zu versöhnen. Und auch ihre Diener bestätigen ja, dass man mit Nabal nicht reden kann und er auf niemanden hört. Sicher eine Aussage, die durch viel bittere Erfahrung gedeckt war! Im Normalfall würde ich dennoch jeder Frau und jedem Mann erst einmal empfehlen: „Rede noch mal mit deinem Partner! Versuche, ihn zu überzeugen! Hör dir seine Argumente an, versuche, auch ihn zu verstehen!“ Dass es einer so weisen und redegewandten Frau wie Abigajil gar nicht gelingen will, ihren Mann zu beeinflussen, scheint mir doch ein Extremfall zu sein. Solche heimliche Aktionen hinter dem Rücken des Partners können nur Notlösungen sein!

Doch bei allen Vorbehalten gegen ihre Handlungsweise, sie beeindruckt mich trotzdem. Für sie war die Ehe mit Nabal vielleicht eine harte Schule, in der sie diese Fähigkeit zum Friedenstiften, zum entschlossenen Handeln, zum Mut und zur Selbstständigkeit entwickeln konnte. Vielleicht ist sie erst dadurch zu dieser starken Persönlichkeit geworden. Menschen, die in einer ähnlichen Lage sind wie Abigajil, können durch diese Geschichte ermutigt werden: Bleib dir selbst treu! Sieh, wo du noch eigenen Handlungsspielraum hast, und nutze ihn entschlossen! Lass dich nicht in die Rolle des hilflosen Opfers drängen, aber überlasse dich auch nicht der Bitterkeit und dem Selbstmitleid! Vertraue auf die Kräfte des Guten, wage es, selbstständig zu handeln und tu, was du als richtig erkannt hast! Gott hat auch für dich Möglichkeiten für neues Glück und für sinnvolles Leben!

# Die Verurteilte

*Jesus ging zum Ölberg zurück, doch schon früh am Morgen war er wieder im Tempel. Bald hatte sich eine Menschenmenge um ihn versammelt, und er setzte sich und unterwies sie. Während er sprach, brachten die Gesetzeslehrer und Pharisäer eine Frau herein, die sie beim Ehebruch ertappt hatten. Sie stellten sie in die Mitte.*

*„Meister", sagten sie zu Jesus, „diese Frau ist auf frischer Tat beim Ehebruch ertappt worden. Nach dem Gesetz Moses muss sie gesteinigt werden. Was sagst du dazu?" Damit wollten sie ihn zu einer Aussage verleiten, die sie gegen ihn verwenden konnten. Doch Jesus bückte sich und schrieb mit dem Finger in den Staub. Aber sie ließen nicht locker und verlangten eine Antwort. Schließlich richtete er sich auf und sagte: „Wer von euch ohne Sünde ist, der soll den ersten Stein auf sie werfen!" Damit bückte er sich wieder und schrieb weiter in den Staub. Als die Ankläger das hörten, machten sie sich einer nach dem anderen davon, die Ältesten zuerst. Schließlich war Jesus allein mit der Frau, die noch immer an der gleichen Stelle in der Mitte stand.*

*Da richtete Jesus sich wieder auf und sagte zu ihr: „Wo sind sie? Hat dich keiner von ihnen verurteilt?" „Niemand, Herr", antwortete sie. „Dann verurteile ich dich auch nicht", erklärte Jesus. „Geh und sündige nicht mehr."*

*(Johannes 8,1-11)*

Gleich
werden die Steine
auf mich niederprasseln.
Vor mir
der Höllenrachen.
Ich stürze
in Tod und Verderben.
Allein.

Wo bist du jetzt,
du,
für den ich
alles gewagt habe?
Habe ich nicht eben noch
deine Liebesschwüre gehört?
Wolltest du nicht
mein Retter sein?
Mich erlösen
aus dem Elend meines Alltags?
Wo bist du jetzt?
Solltest du nicht bei mir sein,
wenigstens jetzt?

Jetzt
umgibt mich nur Hass
und Verachtung.
Jetzt
höre ich nur noch
Beschimpfungen und Schmähungen.
Verdammungsurteil.

Eben noch
glaubte ich,
ich hätte Glück und Seligkeit gefunden.
Jetzt
der Absturz
ins Nichts.
Nur Feinde um mich.
Höllengelächter.

Da – eine Stimme!
Wie von ferne.
Stille.
Immer größere Stille.
Wieder die Stimme.
Ich verstehe nur:
„Dann verdamme ich dich auch nicht!“

*Ich hebe die Augen auf*
*und sehe*
*Ihn,*
*den ganz anderen.*
*Das Leben selbst.*
*Ihn, der anders ist,*
*als alle andern.*
*Mein wahrer Retter.*

*Keine Verdammnis –*
*nur Gnade.*
*Kein Aburteilen –*
*nur Erbarmen.*
*Kein verächtliches Niedermachen –*
*nur der Blick, der sagt:*
*Du bist kostbar.*
*Du bist wahrhaft geliebt.*
*Du darfst leben.*

*Kein Höllenrachen –*
*nur Freiheit und Licht.*
*Kein Absturz.*
*Ich bin aufgefangen worden!*
*Ich bin getragen*
*und gehalten.*

*Du sagst: Geh!*
*Sündige von jetzt an nicht mehr!*
*Wohin*
*soll ich gehen, Herr?*
*Zurück zu denen,*
*die mich verachten*
*und verdammen?*
*Oder hast Du*
*sie verändert?*

*Und woher*
*nehme ich die Kraft,*
*nicht mehr zu sündigen?*
*Oder hast Du*
*mich verändert?*

*Gehst Du mit mir, Herr?*
*Wirst Du*
*die Hölle*
*meines Alltags*
*durch Deine Gegenwart*
*verwandeln?*

*Ich gehe,*
*Dein Blick folgt mir.*
*Dein Wort*
*geht mit mir.*
*Ich lebe*
*von jetzt an*
*in der Freiheit.*

„Ich finde, man sollte die zehn Gebote ändern!“ Mit diesen Worten forderte mich ein Schüler heraus, den ich schon seit mehreren Jahren im Religionsunterricht hatte. „Ich finde, man sollte ein Gebot für Umweltschutz dazunehmen, und dafür dieses völlig veraltete ‚Du sollst nicht ehebrechen' streichen! Das kann doch sowieso kein Mensch halten!“ Zustimmendes Nicken von einigen aus der Klasse, bedenkliches Kopfschütteln von anderen, aber kein Aufschrei des Protestes. Betroffen und nachdenklich blickte ich auf die jungen Menschen vor mir, schaute in die offenen jungen Gesichter und sah in manchen ganz deutlich den Schmerz. Jenen Schmerz der Zerrissenen, der in zwei Hälften Geteilten, der Scheidungswaisen. Ja, wie viele unter ihnen waren selbst die Leidtragenden genau der Sünde, die sie nun am liebsten beschönigen wollten! Wie viele von ihnen hatten den Ehebruch ihrer Eltern miterleben und die Folgen tragen müssen! Manche von ihnen waren ja selbst ungewiss, wer eigentlich ihr Vater war! Und wie natürlich, wie verständlich war es, dass sie entschuldigen wollten, was ihre Eltern getan hatten! Nur ja nicht wahrhaben, dass das etwas ganz Entsetzliches ist! Nur ja darauf beharren, dass es normal, menschlich und im Grunde doch ganz okay ist, einem Partner untreu zu werden oder eine Liebesbeziehung zu beenden! Denn wenn es wirklich eine so schreckliche Sünde ist, wie es da in der Bibel steht, dann müsste man ja der Tatsache ins Auge sehen, wie schlimm es war, was man selber da mitgemacht hat! Man würde riskieren, dass der ganze Schmerz hochkommt, die ganze Wut und Angst – und was sollte man dann damit tun? Müsste man seine eigenen Eltern verurteilen, oder, was schwerer ist, ihnen verzeihen? Und müsste man dann nicht den Entschluss fassen, selbst einmal stärker und treuer zu sein als die Eltern? Und sich mit der Angst auseinandersetzen, dass man das womöglich nicht schafft? Nein, da ist es doch einfacher, Ehebruch zum Kavaliersdelikt zu erklären und in den Rang des Normalen und Natürlichen zu erheben!

Ich weiß nicht mehr genau, wie die Diskussion in der Schulstunde damals weiter verlaufen ist. Sicher habe ich begründet, warum Schutz der Ehe notwendig ist, wie wertvoll und wunderbar der Bund fürs Leben ist, welchen Sinn er hat. Sicher habe ich auch von Vergebung und Gnade gesprochen. Und ich habe mich an die Geschichte erinnert gefühlt, in der genau diese Zwickmühle thematisiert wird: Wie gehen wir um mit der Schuld der anderen, die wir im Grunde ganz gut verstehen könnten, die aber schreckliche Folgen hat? Wie finden wir den Mittelweg zwischen gnadenloser Verurteilung und allzu nachsichtiger Beschönigung der Schuld? Wie kann man Sünde beim Namen nennen, ohne die Betroffenen noch mehr in Verzweiflung zu stürzen? Wie kann man liebevoll verstehend und unterstützend die schuldig Gewordenen begleiten, ohne sie zu ermutigen auf diesem zerstörerischen Weg?

Nicht nur in der Schule, auch in der Seelsorge ist das Thema Ehebruch eines der heikelsten, das es gibt. Obwohl heute niemand mehr dafür gesteinigt wird, verursacht es dennoch unbeschreibliches Leid, nicht nur bei den betrogenen und verlassenen Partnern und Kindern, sondern auch bei den „Tätern" selbst. Ja, oft geht schon sehr viel Elend voraus, bis es zum eigentlichen Ehebruch kommt. Zerbrochene Beziehungen, ob mit oder ohne Trauschein, bieten einen unerschöpflichen Vorrat an Geschichten des Jammers. Ja, in gewisser Weise wird auch heute noch Ehebruch mit dem Tod bestraft. Etwas stirbt, wenn eine Beziehung kaputtgeht, etwas ganz Wesentliches im Menschen. Und mag es auch hinterher noch so viel neue Hoffnung, Versöhnung, einen Neuanfang oder neue Liebe geben, es muss doch in allem Ernst gesagt werden, dass Ehebruch an die Substanz des Menschseins geht und etwas sehr, sehr Tiefgehendes ist. Ich sehe sie alle vor mir, die schon bei mir in Seelsorge und Beratung waren – die Frauen, die verzweifelt versuchten, die Liebe ihres fremdgehenden Ehepartners wiederzugewinnen. Die Frauen, die von Schuldgefühlen gebeutelt waren, weil sie einer Versuchung nicht widerstehen konnten. Die Männer, die unter Aufbietung aller Kräfte versuchten, gegen die Anziehung einer fremden Frau anzukämpfen oder dem Sog der Pornographie zu entkommen. Diejenigen, die erlebten, wie die Ehe ihrer Eltern auseinander ging, und die bewusst oder unbewusst spürten, wie der Riss mitten durch sie hindurchlief. All jene, die erst spät herausfanden, dass ein Elternteil den anderen betrogen hatte, und die zutiefst in ihrem Urvertrauen erschüttert waren. Und bei all diesen Geschichten, jede so völlig verschieden von der andern, empfand ich immer beides: einerseits Entsetzen darüber, wie das Wertvollste auf der Welt, die Liebe, zerstört und das herrlichste Geschöpf Gottes, sein Ebenbild, zerbrochen, verschandelt und zertrümmert worden war. Und andererseits doch das tiefe Verständnis dafür, wie leicht man in so etwas hineingeraten kann und wie wenig auch der „beste“ Mensch davor gefeit ist. Die Vorgeschichte eines jeden Ehebruchs, die oft schon in der Kindheit anfängt, ist ebenso erschütternd wie die Geschichte der Folgen. Was Menschen dazu treibt, einem Partner untreu zu werden, lässt sich nur sehr selten vom hohen Ross herab einfach aburteilen. Es lässt sich nicht einfach mit Schlagworten wie „Lüsternheit“, „blinde Gier“, „Egoismus“ oder „Triebhaftigkeit“ abtun, selbst wenn all dies dabei möglicherweise eine Rolle spielt. Aber wie kommt es dazu, dass ein Mensch all dem verfallen kann?

Verurteilen oder entschuldigen? Können wir verurteilen, wenn wir doch nicht wissen, ob wir in der gleichen Situation anders hätten handeln können? Oder können wir entschuldigen und beschönigen, wenn wir sehen und erkennen, wie viel Elend daraus entsteht? Nein, es gibt nur eine Antwort: Wer von euch ohne Sünde ist, der soll den ersten Stein auf sie werfen!

Dass die Menschen in früheren Jahrhunderten so heftig auf Ehebruch reagierten und mit solchem Hass die Ehebrecher verfolgten, hängt vielleicht damit zusammen, dass sie noch deutlicher spürten, wie Ehe und Familie die Grundlage des Zusammenlebens und der Sicherheit bilden. Der Anfang des menschlichen Lebens, die Schwangerschaft, Geburt und Kindheit müssen besonders geschützt werden, und dies ist nur in stabilen Ehen möglich. Das war zur Zeit Jesu wohl mehr im Bewusstsein als heute. Wir, mit unserem Wissen über die psychische Entwicklung des Menschen, hätten eigentlich noch viel mehr Anlass, sorgsam darauf zu achten. Der Mensch bekommt furchtbare Angst, wenn diese Urgeborgenheit gefährdet ist. Wenn ein Kind erlebt, dass Liebe nichts Verlässliches ist. Und wir empfinden noch größere Angst, wenn wir diese Gefahr in uns selbst spüren, wenn wir ahnen, dass wir selbst in der Lage sein könnten, diese Grundlagen des menschlichen Zusammenlebens zu gefährden. Je größer diese Angst ist, desto größer der Hass, mit dem man sich dagegen wehren muss. Desto heftiger wird man die verfolgen, die das tun, womit man sich selbst heimlich in seinen Gedanken herumschlagen muss.

Heute steinigen wir die Ehebrecher nicht mehr. Wir bewundern und beklatschen viele davon als Stars. Es entlastet zunächst, solche Dinge als etwas ganz Normales zu betrachten. Eine ganze Medienbranche lebt davon, die zahllosen Ehebrüche und Partnerwechsel der Prominenten zu kommentieren, und noch so viel Untreue tut der Popularität eines Stars oder eines Politikers keinerlei Abbruch. Dass zu einem guten Film oder Roman ein Ehebruch gehört, scheint selbstverständlich. Da ist nichts mehr von dem Erschauern: „Wie kann man nur so etwas Entsetzliches tun?"

Doch die fürchterliche Angst ist immer noch da, wenn sie sich auch verlagert hat. Weniger die Angst, selbst untreu zu werden und sich schuldig zu machen, und schon gar nicht davor, in die Hölle zu kommen. Aber die Angst vor dem Verlassenwerden, davor, sich überhaupt auf einen Partner einzulassen, sich hinzugeben und zu binden, nur als Spielzeug benutzt zu werden ... Und daraus folgend die Angst vor dem Leben überhaupt; davor, abgelehnt, ausgelacht und ausgegrenzt zu werden. Nichts und niemanden zu haben, auf den man sich verlassen kann. Eine Existenz ohne Liebe. Und ist das nicht ganz ähnlich wie Höllenangst? Läuft das nicht am Ende auf das Gleiche hinaus?

Die Frau in der biblischen Geschichte hat die grauenvollste Erfahrung gemacht, die man sich denken kann. Bloßgestellt, ertappt in ihrem schwächsten Moment. Gnadenlos umringt von Verfolgern, die gierig darauf aus sind, sie fertig zu machen. Und dazu noch gequält von Schuldgefühlen und Gewissensbissen! Denn die bleiben nicht aus, auch heute nicht! Und sie sind wohl das Unangenehmste, was ein Mensch empfinden kann!

Solche Erfahrungen machen Menschen auch heute noch: als Versager dazustehen, öffentlich gebrandmarkt und verachtet zu werden. Zu spüren, wie andere abschätzig und verurteilend über einen reden. Gemobbt werden und alle gegen sich haben. Oder vielleicht sogar, anders als in unserer Geschichte, unschuldig zu sein, und doch verurteilt zu werden. Wohl dem, der dann auch erfahren kann, was die Ehebrecherin damals erlebte: Sie hatte trotz ihrer unbestreitbaren schweren Schuld auf einmal einen Fürsprecher. Wie aus heiterem Himmel war plötzlich jemand da, der sie verteidigte. Er tat nicht so, als sei sie unschuldig. Er behauptete nicht, alles sei doch gar nicht so schlimm und eigentlich ganz verständlich. Er hob die Gesetze Gottes nicht auf. Aber er wollte trotz allem, dass sie weiterlebte. Für ihn war sie also offenbar doch noch ein Geschöpf, das das Recht hatte zu leben. Sie wusste genau, dass sie dieses Recht verwirkt hatte. Aber er gab es ihr zurück. Heute verstehen wir, warum er das tun konnte. Er sah ja voraus, dass für die Folgen ihrer Schuld und aller Schuld der notwendige Preis bezahlt werden würde. Das Gleichgewicht der Welt , das durch den Gesetzesbruch gestört war, würde

wieder in Ordnung gebracht werden. Nicht durch ihren Tod, sondern durch seinen eigenen. Er würde ihren Tod sterben. So konnte er ihr das Leben zusprechen.

Was mich nun allerdings bei dieser Geschichte bewegt, ist die Frage: Wie soll sie jetzt nur weiterleben? Wie soll das gehen, nach allem, was war? Wenn ich diese Frau gewesen wäre, wäre ich nicht mehr von Jesu Seite gewichen. Doch wir hören nicht davon, dass sie in seine Nachfolge trat. Ob Kinder zu Hause waren, die sie brauchten? Ob ihr Ehemann ihr verzeihen konnte? Ob das Offenbarwerden ihrer Schuld einen heilsamen Reinigungsprozess in ihrer Ehe in Gang gesetzt hat?

Ich kenne manch ein Ehepaar, das nach einer solchen Beziehungskatastrophe wieder zusammengefunden hat und stärker als zuvor zu einer vertieften, vertrauensvollen Beziehung durchgedrungen ist. Nachdem erst einmal alles Versteckspiel unmöglich geworden und der schreckliche Zustand der Beziehung ans Licht gekommen war, rüttelte dieser Schock die Ehepartner wach und reinigte. Doch in jedem dieser Fälle kostete es sehr viel mühsame, schmerzhafte Arbeit, wieder aufzubauen, was zerstört worden war.
Ohne Jesus ist das schwer möglich, seine Hilfe ist nötig im schwierigen Vergebungsprozess.

Ja, ich kann es glauben, dass die Ehebrecherin aus der Bibel ein gelingendes Leben weiterführen konnte. Denn ich habe nun schon sehr oft gesehen und auch am eigenen Leibe erfahren: Die Begegnung mit Jesus gibt tatsächlich die Kraft, Ehekrisen zu bewältigen und eine dauerhafte, tragfähige Beziehung aufzubauen. Es war im Grunde der Glaube daran, der mir überhaupt den Mut gegeben hat, zu heiraten. Ich wusste bereits schon vor der Hochzeit, dass ich aus eigener Kraft nicht das Zeug dazu hatte, eine gute Ehefrau für meinen Mann zu sein. In unserer langen Verlobungszeit und den ersten Jahren unserer Ehe gab es durchaus Situationen, wo ich das Gefühl hatte: „Jetzt steuert unsere Beziehung auf den Abgrund zu. Wenn wir so weitermachen, dann werden wir scheitern.“ Was uns dann gehalten hat, was uns bewegt hat, um unsere Liebe zu kämpfen und an unserer Beziehung zu arbeiten, war der Glaube daran, dass Gott selbst unsere Ehe will, dass sie für ihn unauflöslich ist, und dass er selbst uns helfen wird. Er hat es getan. Wie das geschah, ist keinesfalls so mysteriös, wie es klingt. Allein schon die Übung, täglich ins Gebet zu gehen, die inneren Antennen auf Gott auszurichten und sich mit seinem Wort zu beschäftigen, führte bei uns immer wieder zu einer inneren Kehrtwendung, zu Selbsterkenntnis, zur Bereitschaft, eigene Schuld einzugestehen und dem Anderen seine Schuld zu verzeihen. Aber es gehörte noch mehr dazu, um all den vielen eheschädigenden Einflüssen unserer Welt etwas entgegenzusetzen. Wie bekamen wir überhaupt immer wieder den Mut, unseren eigenen schweren Fehlern und zerstörerischen Verhaltensweisen ins Auge zu schauen, anstatt uns nur zu verteidigen und uns hinter schützende Fassaden zurückzuziehen? Doch nur, weil wir den kannten, der uns annimmt mitsamt unseren inneren Abgründen und unserer Unfähigkeit, zu lieben. Wie konnten wir dem typischen Machtkampf vieler Ehepaare entgehen, in dem jeder versucht, dem andern zu beweisen, dass er selbst im Recht ist? Doch nur, weil der zwischen uns gegenwärtig war, vor dem wir alle im Unrecht sind und der uns trotzdem gerecht spricht. Wie wurde das Wunder möglich, dass unsere Liebe immer wieder zum Leben erwachte, selbst nachdem sie tot schien? Das war ja nur möglich, weil die Kraft dessen, der Jesus von den Toten auferweckt hat, immer noch wirkt. Dies haben wir nun drei Jahrzehnte lang erfahren, sodass wir mit vielen anderen christlichen Ehepaaren sagen dürfen: „Unsere Ehe wurde, dank Gottes Hilfe, von Jahr zu Jahr immer schöner.“ Immer dann, wenn wir Angst hatten vor dem Scheitern unserer Liebe, haben wir uns festgeklammert an den Glauben, dass Gott, der Dritte im Bunde, uns schon durchhelfen wird.

Doch dann erlebten wir in unserem Bekanntenkreis, dass selbst der Glaube an Jesus keine Garantie für eine gelingende Ehe ist. Wir mussten mit ansehen, wie selbst christliche Paare sich trennten, und das bedeutet jedes Mal wieder eine tiefe Erschütterung und Verunsicherung für mich. Um diese Verunsicherung abzuwehren, versucht man wohl leicht, herauszufinden, was die Gescheiterten denn falsch gemacht haben. Denn wenn man das herausfindet und tunlichst vermeidet, dann ist man selbst wohl hoffentlich vor dem Scheitern sicher – denkt man! Und schon ist man dabei, Steine aufzusammeln, um sie denen an den Kopf zu werfen, die versagt haben. Verurteilungen, Schuldzuweisungen, Anklagen – alles nur zu dem Zweck, um zu beweisen: „Mir kann das alles nicht passieren!“ Was aber passiert, ist dies: Wir haben auf einmal Jesus selbst gegen uns. Er hält nichts davon, zerbrochene Menschen noch weiter zu demütigen, zu richten und zu strafen. Er stellt sich zu ihnen, so wie er sich damals zu der verurteilten Frau stellte. Wollen wir uns nicht lieber auch zu ihm stellen? Sonst laufen wir Gefahr, uns zu Pharisäern zu entwickeln und am Schluss zu den Gegnern Jesu zu gehören.

So sehr es mir Angst macht, der Tatsache ins Auge zu schauen, dass auch christliche Ehen scheitern können, ich werde doch immer wieder dazu gezwungen. Denn ich sah Ehen auseinander gehen, die mir bisher als absolut vorbildlich erschienen waren und wo ich mir sicher war, dass die Partner aufrichtige, tiefgläubige Christen sind. Worin ihre Schuld bestand und ob man überhaupt von Schuld bei ihnen reden konnte, das blieb mir verborgen, und das Nachgrübeln darüber, was sie falsch gemacht haben könnten, führte zu nichts. Ich sah mich vor der Alternative, zu glauben, dass entweder diese Menschen etwas fundamental falsch gemacht hatten, oder dass Gott selbst versagt hatte, weil er ihnen nicht half. Beide dieser Denkweisen sind offensichtlich eine Sackgasse.

Der schmale Grat, auf dem ich weiter vorankomme, damit ich mit diesen harten Tatsachen leben und doch weiter glauben kann, sieht für mich so aus: Ich muss erkennen, dass Gott nicht dazu da ist, mir oder irgendjemandem eine glückliche Ehe zu garantieren. Ich neigte manchmal dazu, ihn als Mittel zum Zweck zu benutzen. Ich wollte ihn als Garanten für meine Sicherheit, meinen Erfolg, mein Wohlbefinden. Die Vorzeige-Ehe oder die Bilderbuch-Gesundheit, das waren manchmal geradezu Götzen, mit denen ich vor anderen beweisen wollte, wie toll ich bin. Doch all das ist offensichtlich für Gott zweitrangig. Er erlöst uns nicht automatisch mit einem Schlag von allem, was in uns Schaden anrichtet. Wenn er seinen Kindern Scheitern zumutet, dann sind wir gezwungen, uns an nichts anderem mehr festzuhalten und nichts anderes mehr zum Inhalt unseres Lebens zu machen als nur ihn, und ihn allein. Die Beziehung zu ihm ist das Allerwichtigste, und die kann selbst nach dem Zerbrechen einer Ehe stärker und tiefer werden. Ja, gerade dann erst recht. Er ist nicht nur der Gott der Erfolgreichen, in deren Leben alles nach Wunsch geht. Sondern er ist erst recht ein Gott der Gescheiterten und Zerbrochenen.

Bei meinem Nachdenken über das Scheitern von Ehen ist mir allerdings noch eines aufgefallen: In vielen Fällen, so scheint es mir, hätte eine Ehe gerettet werden können, wenn die christliche Gemeinschaft in der jeweiligen Gemeinde nicht versagt hätte. Meist ist die Gemeinde nicht das, was sie sein sollte: ein Ort, wo man ehrlich über seine Verletzungen, Anfechtungen und inneren Kämpfe sprechen kann, wo seelisch Verwundete gepflegt und Geschwächte gestärkt werden, wo man sich gegenseitig liebevoll ermahnt, aufrichtig auf Gefahren hinweist und ohne Verurteilungen einander unterstützt. Wäre das alles der Fall, wie viele Eheprobleme hätten schon aufgefangen und bewältigt werden können, bevor sie zum unheilbaren, tödlichen Krebsgeschwür geworden sind! Wenn wir Christen den Mut hätten, zuzugeben, dass wir tatsächlich und ganz konkret Sünder sind, und wenn wir damit in der Gemeinde so umgingen, wie Jesus es geboten hat (siehe dazu z. B. Matthäus 18,15-20), anstatt an unseren frommen Fassaden zu polieren, dann hätte manch eine christliche Ehe gerettet werden können, die jetzt in Scherben liegt. Davon bin ich überzeugt, und ich trauere hier auch über mein eigenes Versagen. Warum habe ich nicht eher gesprochen, wenn ich beobachtete, wie schädliche Verhaltensweisen sich in eine Beziehung eingeschlichen haben? Warum wagen wir Christen es nicht mehr, einander die Wahrheit in Liebe zu sagen? Warum halten wir es nicht aus, uns um die zu bemühen, die im geistlichen Kampf verwundet wurden? Warum ist bei uns die neutestamentliche Praxis der gegenseitigen liebevollen Ermahnung verloren gegangen? Und wo erleben Gescheiterte ganz praktisch, was Gnade heißt?

Viele Fragen, viele traurige Einsichten. Aber über all dem, was wir Menschen einander schuldig bleiben, steht dennoch das Wort aus dem Munde des Einzigen, der das Recht hätte, den ersten Stein zu werfen:

„Dann verurteile ich dich auch nicht. Geh und sündige nicht mehr.“

# *Weine nicht!*

## Die Witwe von Nain

*Bald darauf zog Jesus mit seinen Jüngern weiter zur Stadt Nain. Eine große Menschenmenge folgte ihnen. Als er sich der Stadt näherte, kam ihm ein Trauerzug entgegen. Der Tote war der einzige Sohn einer Witwe gewesen, und viele trauerten mit ihr. Als der Herr sie sah, empfand er großes Mitleid mit ihr. „Weine nicht!“, sagte er. Und er ging hinüber zur Bahre und berührte sie. Die Träger blieben stehen. „Ich sage dir“, sprach Jesus, „steh auf!„ Da setzte sich der Verstorbene auf und fing an zu sprechen! So gab Jesus ihn seiner Mutter zurück.*

*Angst und Ehrfurcht erfassten die ganze Menge. Sie lobten Gott und sagten: „Ein mächtiger Prophet ist zu uns gekommen. Heute hat Gott sein Volk besucht.„ Berichte über diese Tat verbreiteten sich in ganz Judäa und bis über die Grenzen des Landes hinaus.*

*(Lukas 7,11-17)*

*Wer wagt es,*
*mir zu sagen:*
*„Weine nicht!"?*
*Welch ein Hohn!*
*Was sonst*
*sollte ich tun,*
*als weinen?*
*Was bleibt mir noch*
*außer meinen Tränen?*
*Hab ich nicht allen Grund,*
*zu weinen, weinen, weinen?*

*Ich trage doch*
*alles, was ich liebe,*
*zu Grabe.*
*Meine einzige Hoffnung.*
*Meine einzige Freude.*
*Mein einziger Halt.*
*Tot, dahin, vergangen.*
*Alles,*
*wofür sich zu leben lohnte,*
*zerstört.*
*Und da sagt man mir:*
*„Weine nicht!"?*
*Wer wagt es,*
*mir das zu sagen?*

*Der Strom meiner Tränen*
*ist auf einmal versiegt.*
*Deine Stimme*
*hat ihn zum Stillstand gebracht.*
*Dein Wort*
*war stark genug.*
*Der Schmerz schweigt.*
*Irgendwo,*
*ganz schwach,*
*erwacht Hoffnung.*
*Wer bist Du,*
*dass Du aus Schmerz*
*Hoffnung machen kannst?*
*Selbst jetzt noch?*

*Ja, wer bist Du?*
*Tränen bringst Du zum Versiegen.*
*Trauer verwandelst Du in Jubel,*
*Klagelieder in Lobgesang,*
*Verzweiflung in Dankbarkeit.*
*Selbst Tote*
*erweckst Du zum Leben.*

*Unser neu geschenktes Leben*
*soll Dir gehören.*

„Weine nicht!“ – ein völlig sinnloser Befehl. So sinnlos, wie: „Schlaf jetzt!“, oder: „Sei glücklich!“ Als ob man etwas befehlen könnte, was nicht in der Macht der Menschen steht! Leider gehöre ich zu denjenigen, die sehr nahe ans Wasser gebaut haben. Wenn mir die Tränen kommen, dann kommen sie, da kann ich machen, was ich will. Wie oft habe ich von klein auf diesen Satz gehört: „Wein doch nicht!“, oder gar: „Mensch, jetzt hör doch endlich mit deiner Heulerei auf!“ Und wie gern hätte ich solchen Aufforderungen Folge geleistet. Doch es ist unmöglich! Wie sehr habe ich mich oft meiner Tränen geschämt! In wie viele unmögliche Situationen haben sie mich gebracht!

Gewiss, es lässt sich lernen. Es ist möglich, Tränen herunterzuschlucken, die Zähne zusammenzubeißen, sich mit aller Gewalt abzulenken. Doch dass die Augen feucht werden, das lässt sich nicht vermeiden. Und wenn der Grund zum Weinen wirklich stark ist, wenn etwas tief Verletzendes, Aufwühlendes oder Bewegendes geschehen ist, dann brechen die Tränen mit einer Urgewalt hervor, der keine menschliche Selbstbeherrschung mehr gewachsen ist. Ich bin zum Glück nicht der einzige Mensch auf der Welt, dem es so geht! Im Laufe meines

Lebens habe ich viele Leidensgenossen, vor allem Leidensgenossinnen, getroffen, die auch oft unkontrollierbar weinen müssen. Und, was das Schlimmste ist, die nicht immer genau erklären können, weshalb!

Natürlich können wir verstehen, dass unser Weinen für unsere Mitmenschen schwer zu ertragen ist. Es ist ein Signal, das nach Trost und Hilfe schreit, und wer einen andern Menschen in Tränen ausbrechen sieht, wird sofort den Impuls spüren, tröstend und rettend einzugreifen. Das mag fast so etwas sein wie ein einprogrammierter Reflex. Zu dumm nur, dass man oft nicht helfen kann! Zu dumm, wenn man nicht mal verstehen kann, warum der andere weint! Dann bleibt natürlich nur, aggressiv zu reagieren, damit man nicht gar so hilflos dasteht ...

Schwierig wird es auch, wenn die Weinenden von Menschen umgeben sind, die selber schon längst das Weinen verlernt haben. Zum Beispiel die Männer der Kriegsgenerationen, die ihr hartes Leben nur aushalten konnten, indem sie selbst noch härter wurden und jede leiseste Empfindsamkeit oder Traurigkeit gewaltsam unterdrückt haben. Menschen, die von klein auf gehört haben: „Ein Junge weint nicht!", oder: „Sei doch nicht so empfindlich!", und die dadurch eine heftige Abneigung gegen Tränen entwickelt haben. Oder Menschen, für die Weinen immer das Signal war, dass etwas unerträglich Entsetzliches geschehen wird. Nicht wenige mögen es auch erlebt haben, dass sie durch Tränen erpresst und manipuliert worden sind. Sie wehren sich dagegen durch Zynismus oder Aggression. So verständlich das alles auch sein mag, – für denjenigen, der gerade von Weinkrämpfen geschüttelt wird, ist es eine Katastrophe, wenn er zu allem Übel noch Ablehnung oder Spott erntet.

Ich hätte nie gedacht, dass ich je so weit kommen würde, meinem Kind das Weinen zu verbieten. Schließlich hatte ich selber viel zu sehr darunter gelitten, dass ich manchmal für meine Tränen geschimpft wurde. Aber als ich dann selbst Mutter war, verstand ich, wie es dazu kommen konnte. Denn es gibt tatsächlich nichts Unangenehmeres für Eltern, als wenn das Kind untröstlich weint und sich durch nichts, aber auch durch gar nichts beruhigen lässt. Diese Ohnmacht, diese Hilflosigkeit, dieses völlige Versagen! Das weinende Kind sagt ja mit seinen Tränen: „Irgendetwas hast du, Mutter, falsch gemacht! Wärest du eine gute Mutter, dann wäre ich jetzt nicht so unglücklich!" Zumindest interpretieren viele Mütter das so, weil sie sich für alle Gefühle ihres Kindes verantwortlich fühlen. Und schon ist man dabei, dem

Kind zu beweisen: „Du hast ja gar keinen Grund zu weinen! Du müsstest eigentlich völlig glücklich sein! Denk doch mal nach, wie gut es dir geht! Du bist ja nur undankbar!" Nicht sehr verwunderlich, wenn daraufhin die Tränen noch heftiger fließen. Denn nun gibt es ja noch mehr Grund zum Weinen. Der Traurige hat zusätzlich zu seinem Kummer noch Vorwürfe und Schuldzuweisungen, Unverständnis und Ablehnung geerntet.

Es ist jedenfalls ganz und gar sinnlos, zu sagen: „Weine nicht!" Viel, viel mehr hat es mir geholfen, wenn jemand zu mir sagte: „Ja, wein' nur ruhig! Du hast wirklich viel Grund zum Weinen!" Wenn jemand mitweinte! Oder wenn jemand einfach nur da war, mich vielleicht im Arm hielt oder mir durch seine Nähe zu verstehen gab, dass er Anteil nimmt und es bei mir aushält. Eine bleibende Erinnerung für mich war ein Mann, der mir stumm nur immer wieder eine neue Packung Papiertaschentücher zuschob. Ich werde ihm immer dafür dankbar bleiben!

Eigentlich braucht es gar nicht viel, um einem Weinenden zu helfen. Nur da sein und freundlich zugewandt bleiben reicht meistens schon aus. Es ist nicht nötig, den Kummer wegzureden, gute Ratschläge zu geben oder Auswege aufzuzeigen. Das ist oft gar nicht möglich. Auch muss man nicht unbedingt verstehen, warum der andere weint. Er versteht es ja womöglich selbst nicht so recht! Es genügt zu spüren: Da ist Schmerz, und wo auch immer Schmerz ist, gibt es auch einen Grund dafür, denn in dieser Welt leben wir alle mit reichlich Schmerz. Manchmal kommt ein trauriger Mensch in seinem eigenen Kummer auf einmal in

Berührung mit all dem anderen Leid, das es auf der Welt gibt. Er empfindet „Welt-Schmerz", fühlt das Elend der geschundenen Kreatur, das Stöhnen der unerlösten Schöpfung Gottes. So schrecklich diese Erfahrung ist, sie kann auf unerklärliche Weise heilsam sein, reinigend, befreiend. Denn sie löst uns heraus aus dem Kreisen um uns selbst. Auf einmal haben wir Anteil am Leid Gottes, an den Wunden Jesu Christi.

Es wäre meistens verkehrt zu sagen: „Weine nicht!" Denn wenn wir dem Schmerz entfliehen wollen und die Trauer vermeiden, dann laufen wir im Grunde auch vor dem Kreuz davon. Und vor dem gekreuzigten Jesus.

Dennoch, Jesus wagt es. Er sagt das unmögliche Wort: „Weine nicht!" Und er sagt es ausgerechnet zu jemandem, der wahrlich genug Berechtigung zum Weinen hat. Niemand wäre in der damaligen Kultur auf die Idee gekommen, einer Witwe beim Tod ihres Kindes das Weinen zu verbieten. Obwohl es in manchen Kulturen als besonders tugendhaft gilt, tapfer alle Gefühlsregungen zu verbergen, war es in der Zeit Jesu ganz anders. Zumindest Frauen waren geradezu verpflichtet, bei Trauerfällen laut zu weinen und zu klagen. Hätte diese Mutter nicht geweint, wäre sie womöglich für kalt und lieblos gehalten worden. Je mehr man bei einem Begräbnis weinte und klagte, desto mehr Ehre erwies man dem Verstorbenen. Und obendrein war damals eine Witwe ohne einen Sohn völlig unversorgt, ungeschützt und in ihrer Existenz bedroht. Wer hätte mehr Anlass zum Weinen gehabt als sie?

Doch Jesus sagt: „Weine nicht!" Und aus seinem Munde klingen diese Worte völlig anders als sonst. Keine teilnahmslose Abwehr, keine verurteilende Ermahnung zur Selbstbeherrschung, kein genervter, ungeduldiger Tadel. Sondern in diesen Worten klingt bei Jesus schon die Gewissheit an, dass es bald keinen Grund mehr zum Weinen geben wird. Weil er die Macht hat, alle Ursachen des Schmerzes zu beseitigen. „Weine nicht!", das heißt bei Jesus: „Genug geweint! Schau her, ich verwandle alles! Ich stille deine Tränen, weil ich die tiefste Ursache deines Kummers stille. Du brauchst nicht mehr zu weinen, denn ich mache alles gut!"

Wenn Jesus etwas befiehlt, dann liegt in seinem Befehl gleichzeitig die Kraft, den Befehl zu verwirklichen. Wenn er zum Sturm sagt: „Sei still!", dann hat das Wort die Macht, den Sturm zu beruhigen. So ähnlich habe ich es auch manchmal mit innerem Aufruhr, verwirrenden Gedanken und aufgewühlten Emotionen erlebt. Manchmal, wenn ich im Gebet um Hilfe geschrieen habe, drang etwas durch die Stürme in meinem Inneren, der klare, ruhige Befehl Jesu: „Beruhige dich!“, und alles beruhigte sich. Ebenso ging es mir manchmal mit dem unkontrollierbaren Weinen. Wenn ich, in einem Weinkrampf gefangen, zur letzten Rettung meine Bibel aufschlug, und da stand das Wort: „Lass dein Schreien und dein Weinen und die Tränen deiner Augen, denn deine Mühe soll noch belohnt werden, spricht der Herr!“(Jeremia 31,16; Luther), dann hörte das Weinen plötzlich auf. Was nichts anderes vermocht hatte, kein gutes Zureden, kein Trösten, kein Ermahnen, kein Zusammenreißen, das bewirkte dieses einfache Bibelwort zur rechten Zeit.

Nicht immer ist die Zeit da. Nicht immer sagt Jesus: „Weine nicht!“ Es gibt Zeiten, da ist Weinen dran, da ist es nötig, befreiend, klärend. Seinen Schmerz zum Ausdruck zu bringen, statt ihn in sich hineinzufressen – das muss manchmal sein. Mitweinen mit den Weinenden, das ist gut und wichtig, das gehört zur echten Nächstenliebe. Aber die Zeit des Weinens ist begrenzt. Einmal wird sie ganz zu Ende sein.

Wenn Jesus uns jetzt noch nicht unsere Toten zurückgibt, so wie er es für die weinende Mutter in Nain tat, dann ist für uns die Zeit des Weinens noch nicht völlig zu Ende. Dann darf es sein, dass wir schwach werden und Kummer zeigen. Dann dürfen wir uns auch nicht gegenseitig das Weinen verbieten. Aber wir dürfen einander hinweisen auf den, der die Tränen stillen kann.

# Nur keinem unter die Augen treten!

## Die „blutflüssige“ Frau

*Inmitten der dicht gedrängten Menge befand sich auch eine Frau, die seit zwölf Jahren an Blutungen litt. Sie hatte ihr ganzes Vermögen für Ärzte ausgegeben und war dennoch nicht geheilt worden. Nun näherte sie sich Jesus von hinten und berührte den Saum seines Gewandes. Augenblicklich hörte die Blutung auf. „Wer hat mich berührt?“, fragte Jesus. Alle stritten ab, ihn berührt zu haben, und Petrus meinte: „Meister, hier sind doch so viele Menschen!“*

*Doch Jesus sagte: „Nein, jemand hat mich absichtlich berührt. Ich habe gespürt, dass eine heilende Kraft von mir ausging.“ Als die Frau sah, dass Jesus etwas gemerkt hatte, warf sie sich zitternd vor Angst vor ihm auf die Knie. Alle hörten zu, als sie erklärte, warum sie ihn berührt hatte und dass sie augenblicklich gesund geworden war. „Tochter“, sagte Jesus zu ihr, „dein Glaube hat dich gesund gemacht. Geh in Frieden.“*

*(Lukas 8,43-48)*

*Mein Leben*
*rinnt davon.*
*Unablässig.*
*Seit Jahren.*
*Es rinnt und rinnt.*
*Kostbare Lebenskraft*
*fließt aus meinem Körper,*
*ohne Sinn, ohne Ziel.*
*Schwächer und schwächer*
*werde ich*
*von Tag zu Tag.*
*Der Strom meines Blutes*
*ist nicht aufzuhalten.*
*Kein Arzt,*
*kein Weiser,*
*keine Medizin,*
*kein guter Rat,*
*nichts hat geholfen.*

*Fern halten soll ich mich*
*von aller Gemeinschaft,*
*unrein bin ich,*
*ausgestoßen.*
*Niemand darf mich berühren.*
*Kein Gottesdienst,*
*kein Fest,*
*wo ich willkommen wäre.*
*Mitleidige Blicke*
*von ferne.*
*Sie verletzen ebenso*
*wie die verächtlichen*
*oder die entsetzten,*
*von Abscheu erfüllten.*
*Lieber*
*bleibe ich gleich im Haus,*
*bevor ich solche Blicke riskiere!*

*Nein, ich wage es!*
*Ich gehe hinaus!*
*Ich mische mich unter die Leute.*
*Wilde Hoffnung.*
*Mut der Verzweiflung.*
*Sie haben gesagt,*
*Er hilft allen.*
*Zu Ihm*
*kann jeder kommen.*
*Selbst die Aussätzigen*
*hat Er angerührt.*

*Vor Ihn hintreten,*
*vor Ihm niederfallen,*
*Ihm ins Gesicht sehen …*
*Ich kann es nicht!*
*Es geht nicht!*
*Zu viele verachtende Blicke*
*habe ich schon gesehen.*
*Zu viel Strafe und Schande,*
*zu viel Beschimpfung und Vorwurf.*
*Zu oft schon weggeschickt worden!*
*Zu oft schon verscheucht wie ein*
*Hund!*
*Ich ertrage nicht noch mehr!*
*Aber ganz heimlich,*
*unbemerkt,*
*von hinten,*
*nur den Saum Seines Gewandes*
*will ich berühren.*
*Niemand wird es sehen.*
*Hoffentlich*
*merkt Er es nicht!*

*Nur eine kurze Berührung*
*und ein Kraftstrom*
*fließt durch meinen Körper.*
*Der Atem stockt*
*vor Glück und Schrecken.*
*Ich spüre:*
*Das Bluten hat aufgehört.*

*O weh!*
*Er hat es gemerkt!*
*Er dreht sich um!*
*Er fragt, er sucht.*
*„Wer hat mich angerührt?"*
*Was wird Er sagen,*
*wird Er zornig auf mich sein,*
*weil ich Ihn verunreinigt habe?*
*Schnell werde ich mich verstecken.*
*Niemand wird es erfahren,*
*ich bleibe unerkannt, unentdeckt.*
*Aber wie*
*kann ich Ihm dann danken?*

*Nein!*
*Lange genug*
*habe ich mich versteckt!*
*Jetzt*
*ist die Zeit*
*herauszukommen.*
*Mich den Blicken zu stellen.*
*Lange genug*
*war ich ausgestoßen.*
*Jetzt*
*ist die Zeit,*
*zurückzukehren*
*in die Gemeinschaft.*
*Bin ich denn nicht geheilt?*
*Ist jetzt nicht alles anders?*
*Hier bin ich, Jesus!*
*Hier bin ich,*
*um Dir zu danken!*

„Am liebsten möchte ich mich vor allen verstecken!" „Ich trau mich nicht mehr unter die Leute!" Menschen können ganz verschiedene Gründe haben, so etwas zu sagen. Bei der Frau in der biblischen Geschichte war es eine peinliche Krankheit, die sie zum Außenseiter machte. Eine Krankheit, die per Gesetz für „unrein" erklärt worden war. Das bedeutete, dass diese Frau nicht mehr an Gottesdiensten teilnehmen durfte und sich auch sonst möglichst von Menschen fern halten musste. Ursprünglich waren es hygienische Gründe, die zu solchen Vorschriften geführt haben. Schutz der Gemeinschaft vor ansteckenden Krankheiten, das war das durchaus positive Ziel dieses Gesetzes. Doch mit der Zeit wurde es zu einem Stigma: belastet mit Schmach und Schande, mit dem üblen Geruch der Sünde, mit der Vorstellung, dass auf solchen unreinen Menschen ein Fluch läge, dass irgendeine geheimnisvolle Schuld mit beteiligt sei an dieser Krankheit. Die psychische Belastung, die dadurch entstand, wird in vielen Fällen erst recht den Gesundheitszustand der Betroffenen angegriffen haben. Das Gefühl, eine Verfluchte und Ausgestoßene zu sein, war vermutlich letzten Endes noch viel schlimmer als die Krankheit selbst.

Bei mir war es auch eine Krankheit. Zwar keine, durch die ich als „rituell unrein" galt. Aber sie war dafür umso auffälliger, abstoßender, abschreckender. Eine Hautkrankheit, die mein Gesicht derart entstellte, dass ich mich manchmal kaum im Spiegel erkannte. Wenn ich durch die Straßen ging und Menschen unvorbereitet auf mein Gesicht schauten, konnte ich den Schrecken und das

Entsetzen in ihren Mienen sehen, bevor sie sich zusammenrissen und ihre Abscheu verbergen konnten. Gut gemeint und doch auch verletzend waren die vielen Ratschläge, die vielen Ideen, was helfen, und was die Ursache sein könnte. Dabei hätte es mir viel mehr geholfen, wenn es einfach ignoriert worden wäre! Wenn die Menschen mich einfach so genommen hätten, wie ich eben nun mal aussah. Andrerseits waren die gezwungenen Versuche, es zu ignorieren, ebenso peinlich. Vielleicht erschien es mir selbst schlimmer als den anderen, jedenfalls fühlte ich mehr und mehr die Versuchung, einfach alle Kontakte abzubrechen, mich im Haus zu verkriechen und mich keinen Blicken mehr auszusetzen. Dabei war meine Hautkrankheit ein relativ kleines Übel im Vergleich zu manchen Handicaps oder Entstellungen, an denen andere Menschen leiden.

Die schreckliche Scham über etwas, was man weder selbst verschuldet hat noch ändern kann, die Angst vor dem Zurückweichen der anderen, die Angst vor Mitleid oder vor Mangel an Mitleid, die Wut auf alle wohlmeinenden Ratschläge – all dies vergrößert unweigerlich den Abstand zu anderen. Schließlich wird ein Mensch in die Isolation getrieben.

So eine Krankheit reicht schon aus, um nach und nach das Selbstwertgefühl zu zerstören. Wenn ich sowieso schrecklich aussehe, wozu dann überhaupt noch auf mein Äußeres achten? Wozu sich pflegen, schön kleiden, kämmen? Wozu überhaupt noch irgendwelche Anstrengungen machen, um bei anderen gut anzukommen, wenn doch bereits der erste Anblick alles verdirbt?

Ich kann mir gut vorstellen, wie solch eine Äußerlichkeit, die zunächst ohne allzu große Bedeutung ist, nach und nach das Leben eines Menschen so zerstören kann, dass er in Depression und asozialem Verhalten versinkt. Vielleicht sogar in Kriminalität, wie manche Studien beweisen, die unter Straftätern eine überdurchschnittlich hohe Zahl von Entstellten oder körperlich Deformierten feststellten. Wozu sollten sich die, die sowieso ausgegrenzt sind, noch an die Maßstäbe der Gesellschaft halten?

Was mir in dieser belastenden Zeit geholfen hat, waren verschiedene Umstände. Zunächst einmal hatte man mir von klein auf beigebracht: „Äußere Schönheit ist nicht so wichtig. Es kommt auf die inneren Werte an!“ Eitelkeit und äußerlicher Putz waren in meiner Kindheit regelrecht verpönt. Und wenn ich mich auch dagegen aufgelehnt hatte, wenn ich auch von Anfang an, trotz elterlicher Ermahnungen, Schönheit als etwas sehr Erstrebenswertes betrachtet hatte – jetzt erwies es sich als hilfreich, dass ich mein Selbstwertgefühl nie davon abhängig gemacht hatte. Als mir alle Hoffnung entschwunden war, vielleicht doch ein wenig schön zu sein, fiel auch gleichzeitig ein gewisser Druck von mir ab. Der Zwang, sich an Schönheitsidealen messen und bestimmten Maßstäben nachjagen zu müssen, war jetzt gegenstandslos geworden. Trotzdem hätte ich nicht die Kraft gehabt, weiter am gesellschaftlichen Leben teilzunehmen und auf Menschen zuzugehen, wenn da nicht einige gewesen wären, die mir immer wieder unmissverständlich zeigten: „Du bist uns lieb und wert, wir wollen mit dir zusammen sein, wir schätzen dich, egal, wie du aussiehst." Nur weil sie es mir deutlich zu verstehen gaben, wagte ich, es zu glauben: Mag mein Gesicht noch so entstellt sein, verbeult, entzündet und gerötet, ich habe dennoch etwas zu geben, ich kann dennoch anderen Menschen etwas bedeuten. Ich bin dennoch wertvoll.

So habe ich es, oft unter Überwindung, immer wieder gewagt, unter die Leute zu gehen, mich einzubringen, Kontakte zu knüpfen und zu pflegen. Und so, in menschlicher Gemeinschaft, konnte ich häufig völlig vergessen, wie schrecklich ich aussah. Es war unbedeutend geworden. Später, viel später, als die Hautkrankheit allmählich heilte, hatte ich eine viel größere innere Freiheit und Unabhängigkeit gewonnen.

Nein, meine Situation war ganz anders als die jener „blutflüssigen" Frau von damals. Ich wusste von dem, bei dem jeder Mensch angenommen ist, der jeden willkommen heißt, für den entstellende oder abstoßende Krankheiten ebenso wenig ein Hindernis für Gemeinschaft sind wie Sünden und Verbrechen. Ich wusste von Jesus, der auch die Ausgegrenzten zurück in die Gemeinschaft führt. Aber was wusste diese Frau von ihm? Sie musste wohl sogar fürchten, dass er sie aus religiösen Gründen ablehnen würde. Dass er ihre Krankheit als Strafe für Sünden ansehen und sie deshalb tadeln würde. Es war ein enormes Risiko für sie, diesen heiligen Mann anzurühren. Jeder andere fromme Mensch wäre damals wohl sehr zornig geworden, wenn er durch solch eine Berührung „verunreinigt" worden wäre. Deshalb wagt sie es wahrscheinlich nicht, einfach vor Jesus hinzutreten und ihn um Heilung zu bitten. Sie versucht es heimlich, unbemerkt.

Eigentlich ist das nicht der Glaube, wie ich ihn verstehe. Glaube ist für mich das bewusste

Vertrauen auf Jesus, den Retter, der mit uns eine Beziehung von Person zu Person eingehen will. Was diese Frau treibt, das ist für mich eher Aberglaube, ein magisches Denken, ein Glaube an automatisch wirkende, geheimnisvolle Kräfte. Zauberei. Ein Denken, von dem es oft in der Bibel heißt, dass es Gott nicht gefällt.

Doch – es wirkt! Und Jesus tadelt sie nicht, sondern lobt sogar ihren Glauben. Anscheinend sieht er in jedem kleinen Ansatz des Vertrauens schon das, was er braucht, um zu helfen. Allerdings lässt er nicht zu, dass sie heimlich davonschleicht. Sie muss ihm gegenübertreten, ihm ins Gesicht schauen, zu dem stehen, was sie getan hat. So wird sie doch weitergeführt, aus diesem magischen Denken heraus zu einem bewussten, persönlichen Glauben, zu einer echten Beziehung mit Jesus. Und sie wird auch gleichzeitig von ihrer Angst geheilt. Auf einmal wagt sie es, vor allen Leuten zu erzählen, was sie erlebt hat. Die Blicke der Menschen können ihr jetzt nichts mehr anhaben, denn jetzt hat sie die Kraft erlebt, die von Jesus ausgeht.

Wieder einmal sehe ich, wie Jesus nicht verurteilt und tadelt, was noch nicht vollkommen ist, sondern wie er das annimmt, was er bei uns vorfindet, und es zur Reife bringt. Anscheinend genügt es ihm, wenn ein Mensch, der zwar noch kaum etwas von ihm verstanden hat, den Entschluss aufbringt, bei ihm Hilfe zu suchen. Nur die Hand ausstrecken und den Saum seines Gewandes berühren – das genügt! Gerade so viel Vertrauen aufbringen, um Kontakt mit Jesus zu suchen. Dazu sagt Jesus: „Dein Glaube hat dir geholfen. Geh hin in Frieden!“

# Der unerträgliche Anblick

## Die Jüngerin am Kreuzweg

*Doch Jesus wandte sich um und sagte zu ihnen: „Töchter Jerusalems, weint nicht um mich, sondern klagt über euch selbst und eure Kinder. Denn es kommt die Zeit, da werden sie sagen: ‚Glücklich sind die Frauen, die kinderlos geblieben sind, deren Körper nie ein Kind geboren und deren Brüste keinen Säugling gestillt haben.' Die Menschen werden die Berge anflehen, auf sie zu fallen, und die Hügel, sie unter sich zu begraben. Denn wenn dies schon mit dem grünen Holz geschieht, wie wird es dann erst dem toten Holz ergehen?"*

*(Lukas 23,28-31)*

*Dass ich Dich so sehen muss!*
*Zerschlagen,*
*zerbrochen,*
*am Boden.*
*Zusammengebrochen unter der untragbaren Last.*
*Du, mein Heil, meine Stärke, meine Kraft!*

*Alles bricht zusammen,*
*wenn Du stürzt.*
*Nichts mehr,*
*woran ich mich halten kann.*
*Nichts hat mehr Bestand.*
*Alles um mich sinkt*
*in Schutt und Asche.*

*Doch eines bleibt:*
*die Liebe.*
*Deine Liebe zu mir.*
*Meine Liebe zu Dir.*
*Kraft strömt von Dir zu mir.*
*Oder von mir zu Dir?*

*Macht mein leidenschaftliches Mitgefühl*
*Deinen Schmerz noch schmerzlicher?*
*Oder ist es Dir ein Trost,*
*dass jemand um Dich weint,*
*wenn Spottgelächter um Dich dröhnt,*
*wenn Beschimpfungen auf Dich herabprasseln?*

*Nichts*
*kann ich für Dich tun.*
*Ich kann Dir Dein Kreuz*
*nicht tragen helfen.*
*Ich kann Deinen Weg*
*nicht mit Dir gehen.*

*Doch*
*eins bleibt mir zu tun:*
*von Deinem gequälten Gesicht*
*ganz zart*
*Schweiß und Blut*
*abzuwischen.*

*Vielleicht*
*spürst Du die Wohltat*
*dieser behutsamen Berührung.*
*Vielleicht*
*bleibt eine Spur*
*von mitfühlender Zärtlichkeit*
*auf Deinem Gesicht,*
*wenn Du jetzt*
*Deinen schweren Weg*
*weitertaumelst.*
*Allein.*

*Doch ich bleibe hier*
*und zeige der Welt*
*das Abbild*
*Deiner Liebe.*
*Du hinterlässt*
*eine bleibende Spur.*
*Du leidest*
*nicht umsonst.*

Nicht auszuhalten! Zuschauen müssen, wenn ein anderer leidet, ein geliebter Mensch noch dazu, und nichts tun können, um zu helfen – unerträglich! Das Leid des anderen weckt in uns alle Kräfte des Mitgefühls, etwas wallt in uns auf, wir möchten am liebsten einspringen zur Rettung, zur Verteidigung, zur Hilfe – aber allzu oft sind uns die Hände gebunden. Hilflos stehen wir da und haben obendrein Angst, durch unsere Hilflosigkeit das Elend des andern noch zu vergrößern. Das Stöhnen, das schmerzverzerrte Gesicht, die qualerfüllten Augen, all das ist wie ein Appell: „Hilf mir doch! Warum tust du nichts?" Doch was können wir schon tun? Wir fühlen uns wie gelähmt, innerlich zerrissen und verzweifelt. Dieser Schmerz ist manchmal so groß, dass wir stattdessen den Impuls verspüren, wegzurennen. Oder zumindest wegzuschauen, die Augen zuzumachen oder die Hände vors Gesicht zu schlagen.

Ich erinnere mich noch deutlich, als ich in meiner Kindheit zum ersten Mal einen Jesus-Film gesehen habe. Oft genug hatte ich schon die Geschichte von der Kreuzigung Jesu gehört, und sie hatte mich nie gleichgültig gelassen. Aber jetzt, wo ich es direkt vor mir sah, ging mir auf einmal das Ausmaß dieses Geschehens auf. Es war zwar ein Film, in dem nur sehr sparsam das Brutale angedeutet wurde. Kein Vergleich mit den neueren Jesusfilmen, die immer blutiger und dramatischer werden! Aber ich war ein behütetes Kind, ohne Fernseher aufgewachsen und nicht an den Anblick von Gewalt gewohnt. Wenn ich mal Gelegenheit hatte, einen Film zu sehen, dann gab es da meistens Szenen, bei denen ich mir die Augen zuhalten musste. So auch jetzt, bei dem Jesusfilm. Es gab keine Möglichkeit wegzurennen. Aber den ganzen Abend lang hat es mich geschüttelt vor Weinen. Es nutzte nichts, dass Erwachsene mir sagten: „Es war doch nur ein Film!" Ich wusste ja nur zu gut, dass die Wirklichkeit noch viel schrecklicher war! Dass sich das Leiden damals über viele Stunden ausgedehnt hat, dass seelisches Leiden noch dazu kam, ja, dass dieser Film gar nichts war im Vergleich mit der Realität.

Seitdem habe ich viele Strategien ausprobiert, wie ich der Begegnung mit fremdem Leid standhalten kann. Oft bin ich weggelaufen oder habe weggeschaut. Ich werde nie vergessen, wie ich als junge Pfarrerin einen Seelsorgebesuch bei einem querschnittsgelähmten Mädchen im Krankenhaus gemacht habe und ohnmächtig zusammengeklappt bin. Auch eine Art von Flucht ... Dann gibt es noch den Rückzug in Ablenkung oder Betäubung. Unsere Welt ist ja voll von Möglichkeiten, durch Drogen und Ersatzdrogen den Schmerz zum Schweigen zu bringen! Doch schlimmer noch als Flucht und Betäubung ist eine andere Strategie: die Hornhaut auf der Seele, der Abstumpfungseffekt. Es ist ja möglich, sich zu verschließen vor dem Leid des anderen: „Das ist nicht mein Problem! Es wird schon nicht so schlimm sein! Der ist doch selbst dran schuld! Und außerdem geht mich das doch nichts an! Das ist eben so auf der Welt! Da muss man durch!" Rationalisieren, theoretisieren, moralisieren. Gute Ratschläge geben, Urteile fällen, beschwichtigen, beschönigen. Da wird der Schmerz auf einmal kaum noch spürbar. Aber stattdessen macht sich eine tödliche Kälte breit; etwas in uns verhärtet sich. Hartherzigkeit nennt Jesus diesen Zustand. Es ist schon angenehm, wenn wir keinen Schmerz mehr spüren! Doch leider, auch die Freude des Lebens wird immer weniger spürbar. Das Leben wird grauer und langweiliger. Es braucht einen immer intensiveren Kick, damit wir unsere Lebendigkeit überhaupt noch spüren.

Nie hätte ich gedacht, dass mir das passieren könnte, dass ich je so eine Hornhaut auf der Seele entwickeln würde – ich, die von anderen nur allzu oft wegen meines leidenschaftlichen Mitgefühls ausgelacht oder kritisiert wurde! Doch es scheint fast unvermeidlich. Jedes Mal, wenn ich an einem hilfsbedürftigen Menschen vorbeigehen musste, jedes Mal, wenn ich den Anblick des Elends sah und mich abwandte, jedes Mal, wenn ich den Schmerz des Mitgefühls unterdrückte, wuchs die tödliche Hornhaut auf meinem Herzen.

Ich weiß bis heute kein Heilmittel, wie sich diese Abstumpfung vermeiden lässt. Menschen in Pflegeberufen behaupten immer, ein dickes Fell sei nötig, um solche Arbeit auszuhalten. Ich kann mich damit nicht abfinden. Ich bin überzeugt, dass es Kranken nicht gut tut, von eiskalten Automaten gepflegt und wie Maschinen behandelt zu werden. Andererseits habe ich auch schon erfahren, dass allzu intensives Mitleiden den Schmerz des Betroffenen ebenso vergrößert wie kalte Gleichgültigkeit. Was also tun? Wie überleben, wie ein warmes, lebendiges Herz behalten angesichts so viel unerträglichen Leides?

In der Passionsgeschichte gibt es eine kurze Szene, über die ich viel nachdenken muss. Da begegnet Jesus, der sein Kreuz trägt, einigen Frauen, die um ihn weinen. Vielleicht waren es seine Jüngerinnen, vielleicht Frauen, die ihn gehört und lieb gewonnen hatten. Vielleicht aber auch nur jene Frauen von Jerusalem, die es sich zur Gewohnheit gemacht hatten, die Menschen zu beweinen, die ihr Kreuz zur Hinrichtungsstätte schleppten – auch eine Tat der Barmherzigkeit! Ich stelle mir vor, dass es für einen Todgeweihten, der unter Spott und Beschimpfungen, Flüchen und harten Zurufen die Last des Kreuzbalkens schleppt, immerhin eine gewisse Wohltat ist zu merken: „Es gibt Menschen, die um mich weinen. Es gibt mitfühlende Seelen, die zumindest Tränen um mich vergießen. Ich leide nicht unbemerkt.“ Mitweinen ist eigentlich die einzige würdige Art, auf menschliches Leid zu reagieren, wenn aktive Hilfe nicht möglich ist.

Und Jesus bemerkt es. Er findet sogar die Kraft, darauf zu antworten. Ich bin immer wieder neu überrascht über das, was er sagt: „Töchter Jerusalems, weint nicht um mich, sondern klagt über euch selbst und eure Kinder.“ Dass hier jemand in seiner eigenen Not noch an andere denken kann! Dass er nicht gefangen ist in seiner eigenen Qual, sondern den Blick für den Kummer der anderen behält! Ob das nicht auch schon etwas Heilsames, Tröstendes ist? Da kommt doch etwas in Bewegung; ein Gefühl der Verbundenheit, der gegenseitigen Anteilnahme, ja, der Liebe strömt zwischen den Menschen hin und her. Ich erinnere mich an Augenblicke eigener Not, wo es mich tröstlich berührt hat, aus meinen Tränen aufzublicken und in das tränenüberströmte Gesicht einer Freundin zu schauen. Gemeinsam weinen – auch darin kann Trost liegen. Und so komme ich immer wieder zu der einzigen Antwort auf die Frage, wie ich mit fremdem Leid umgehen kann: Ich muss den Glauben daran festhalten, dass unser Schöpfer uns etwas mitgegeben hat, was uns fähig macht, auszuhalten. Glauben, dass das mit Jesus verbundene menschliche Herz stark genug ist, nicht zu zerbrechen am Schmerz. Glauben, dass die Liebe, die echte, ungeheuchelte Liebe, eine Kraft Gottes ist, die den Schmerz erträglich macht. Und die sogar manchmal einen Sinn im Leid aufzeigen kann.

Eine christliche Legende weiß noch mehr von jener Begegnung Jesu mit den Frauen zu erzählen. Sie berichtet von einer Jüngerin, Veronika, die nichts weiter tun konnte, als mit ihrem Tuch den Schweiß vom Gesicht des Herrn abzuwischen. Auf diesem Tuch sind angeblich später ganz deutlich die Spuren seines Gesichtes zu sehen gewesen. Veronika, die ihr Tuch mit dem Abbild Christi herumzeigt, ist ein beliebtes Motiv in der Kunst geworden, leider auch manchmal fast als Götzenbild missbraucht worden. Doch abgesehen von allem Unguten, was Menschen daraus gemacht haben, sehe ich doch in dieser Geschichte eine tiefe Bedeutung. Für mich ist dieses Schweißtuch der Veronika das Symbol für die Empfänglichkeit eines liebevollen, mitfühlenden Herzens. Wenn ein Mensch es aushält, dem Leid eines andern ins Gesicht zu sehen, seine liebevolle Aufmerksamkeit darauf zu konzentrieren und in irgendeiner noch so hilflosen Geste das Wenige für den andern zu tun, was möglich ist – scheint da nicht jedes Mal tatsächlich das Ebenbild Gottes auf? Wird da nicht etwas von der Liebe Christi für alle Welt sichtbar?

Wenn ich wieder einmal in Versuchung bin, vor dem Leid die Augen zu verschließen oder wegzurennen, dann will ich mich an das Schweißtuch der Veronika erinnern. Es sagt mir: „Schau hin! Bleib da! Halt aus! Halte die Liebe durch!" Dann besteht die Chance, dass etwas Tröstliches, Heilendes aufleuchtet. Ein bleibender Sinn kann in all dem Schmerz geahnt werden. Von dem unsichtbaren Christus wird in der Welt etwas sichtbar.

Und wenn ich auch noch so wenig tun kann für den anderen in Not – auch das kleinste Bisschen ist besser als nichts. Auch die kleinste Geste der Freundlichkeit kann für Gott ein Ansatzpunkt sein, etwas Heilsames entstehen zu lassen.

# Stehenbleiben und aushalten

## Die Mutter am Kreuz

*In der Nähe des Kreuzes standen die Mutter von Jesus und ihre Schwester sowie Maria, die Frau von Klopas, und Maria Magdalena. (Johannes 19,25)*

*Ich will hier bei Dir stehen.*
*Am liebsten würde ich weglaufen.*
*Aber ich verlasse Dich nicht.*
*Ich halte den Anblick kaum aus.*
*Aber ich schaue nicht weg.*
*Unbeirrbar*
*halte ich bei Dir aus.*
*Ich halte die Verbindung*
*mit Dir.*

*Deinem Schmerz*
*ins Gesicht zu sehen*
*raubt mir den Atem,*
*schnürt mir das Herz zusammen,*
*dreht alles in mir um.*
*Nie habe ich*
*etwas Schrecklicheres gesehen.*

*Ich bleibe.*
*Bleibe stehen.*
*Denn auch Du bleibst.*
*Du bleibst Du,*
*auch in Stunden der Qual.*
*Du bleibst Dir treu,*
*auch wenn Deine Freunde Dir treulos sind.*
*Du bleibst Deinem Glauben treu*
*inmitten der Sinnlosigkeit.*
*Du bleibst Gott, Deinem Vater, treu,*
*auch wenn Du Dich von Ihm verlassen fühlst.*
*Du bleibst Deiner Liebe treu,*
*umgeben von Hass.*
*Dein Blick sucht mich.*
*Selbst jetzt noch*
*denkst Du Gedanken der Liebe,*
*sprichst Worte der Fürsorge.*
*Nie habe ich*
*etwas Herrlicheres gesehen.*

*Ich bete an die Macht der Liebe.*

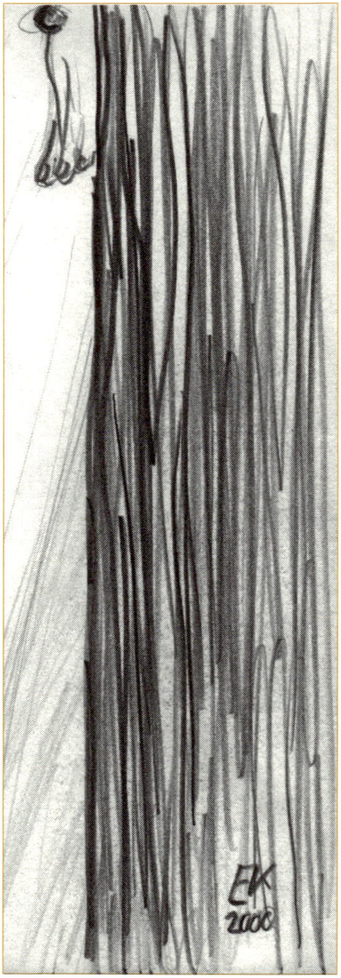


„Willst du mitkommen in die Kirche, ins Konzert?“, fragte mein Vater. „Sie spielen ein Stück, das heißt Stabat Mater!“ Eigentlich war ich noch zu jung für so ein Konzert. Aber ich liebte Musik, und mit meinem Vater den Abend in der Kirche bei schöner Musik zu verbringen, das war verlockend. „Was bedeutet das – Stabat Mater?“, fragte ich auf dem Weg zur Kirche. „Das bedeutet: Es stand die Mutter“, erklärte mein Vater. „Es handelt von Maria, die am Fuße des Kreuzes steht.“ Sofort entstand vor meinem inneren Auge ein Bild, wie ich es schon auf vielen Kunstwerken gesehen hatte: Eine Frau, in ein großes Tuch gehüllt, steht unbeweglich da, das Gesicht wie erstarrt vor Leid. Den ganzen Abend lang verließ mich dieses Bild nicht mehr, wie ich da so neben meinem Vater in der Kirchenbank saß und der Musik von Pergolesi lauschte. Die Töne schwollen an und ebbten ab, man hörte das Klagen der Frauen, das Hämmern der Nägel, verwirrendes Durcheinander von Melodien und Motiven. Doch mir war, als hörte ich in dem stetigen, gleichmäßigen Rhythmus der Celli immer wieder die Worte: „Stabat Mater." Die Mutter stand. Mochte geschehen, was wollte. Mochte noch so viel Gewirr und Chaos um das Kreuz herum toben. Die Mutter blieb da. Auf rätselhafte Weise machten diese Worte alles viel erträglicher.

Es erinnerte mich an Augenblicke der Angst oder des Kummers in meiner Kindheit. Unerklärlicherweise wurden sie verwandelt, wenn die Mutter da war. Ob es Schmerzen waren oder Zorn, Abgelehntwerden von Freunden, Versagen, Unruhe, Zweifel – es schien alles zur Ruhe zu kommen in der Gegenwart der Mutter. Mutters Liebe war so etwas wie ein Gefäß, in dem alles Platz hatte. Wenn die Gefühle zu zerfließen drohten, wenn alles wie im Chaos davonschwamm – die Liebe meiner Mutter hielt alles zusammen. Wenn widersprüchliche Impulse gegeneinander stritten und zerrten, bis man innerlich zu zerreißen drohte – mütterliche Zuwendung, geduldige Erklärungen oder einfach die Nähe, in den Arm genommen und angehört, beachtet zu werden, das half, alles zusammenzuhalten.

„Stabat Mater" – an diese Worte erinnerte ich mich später, als unser Vater plötzlich starb und unsere Mutter mit fünf halbwüchsigen Kindern zurückblieb. Als die Nachricht von seinem Tod kam, war es, als ob uns buchstäblich der Boden unter den Füßen weggezogen würde. Alles, was uns bisher ganz selbstverständlich Sicherheit gegeben hatte, die fraglose Gewissheit, dass für alles gesorgt sein würde und jemand sich schon um alles Nötige kümmern würde – alles versank plötzlich, als ginge ein großer Kontinent im Meer unter. Doch die Mutter war da. Gebeutelt zwar, von Schmerz gepeinigt, wie die verbliebene Hälfte einer zerrissenen Einheit, zutiefst verunsichert und von Depressionen heimgesucht. Aber sie war da. Sie entzog sich uns nicht. Sie entzog sich nicht all den Entscheidungen, die auf unsere Familie einstürmten, der Verantwortung, dem Trubel. Sie stellte sich ihrem Schmerz, unserem Fragen und Aufbegehren, unserem Suchen nach Neuorientierung. „Stabat Mater". Stand sie wirklich, oder brach sie nicht doch auch manchmal zusammen? Vieles machte sie heimlich mit sich selbst ab. Sie hat uns zwar nichts vorgeheuchelt, hat uns ehrlich an ihrem Elend teilhaben lassen, aber sie hat uns nie zugemutet, ihre völlige Auflösung miterleben zu müssen. Erst heute ahne ich, wie jeder neue Morgen für sie ein Kampf war, an dem sie aufstehen und das Leben weiterleben musste.

Seitdem habe ich immer wieder diese standhaften Mütter gesehen. Wo der Vater verschwand, ob durch schuldhaftes Versagen, ob durch schicksalhafte Verstrickung, sei es durch Tod oder durch ständige Abwesenheit – es gab doch immer noch die Mütter, die für ihre Kinder da waren. Die ein Stück Sicherheit vermittelten, ein Stück Verlässlichkeit, wo so viel Verwirrendes auf die Kinder einströmt. Und voll Mitgefühl ahne ich, dass es wohl nichts Schlimmeres für ein Kind gibt, als ohne diese standhafte Mutterliebe zu sein. Diejenigen, die mit psychisch kranken Müttern aufwachsen, die von ihren Müttern verlassen, vernachlässigt oder verstoßen werden, verspüren eine tiefe Lebensunsicherheit. Was könnte es Schlimmeres geben? Andere erfahren, wie die Mutter in Angst und Schrecken lebt und fühlen sich schon als Kind für den Schutz der Mutter verantwortlich. Welch eine Umkehrung der natürlichen, gottgewollten Verhältnisse! Welch ein trauriger Ballast fürs Leben! Ja, auch die Mutterliebe ist zerbrechlich, gefährdet und gefährdend. Doch da, wo sie versagt, bleibt immer noch der Weg zurück zum Ursprung aller Liebe, zu dem, der auch die Mütter geschaffen hat.

In meiner seelsorgerlichen Tätigkeit habe ich einige Menschen begleitet, deren Mutter nicht in der Lage war, diese verlässliche Zuwendung zu geben. Ich habe die tiefen Spuren der Verstörung und Verletzung in manch einer Lebensgeschichte gesehen. Doch wenn ich darüber zu verzweifeln drohte, wurde mir immer wieder bewusst, dass es eine viel tiefere, stärkere Liebe gibt, die auch dieses Elend noch umfasst und hält und es letztlich überwinden und heilen wird. Immer konnte ich auch Spuren davon in der Lebensgeschichte dieser Menschen entdecken.

In jener unerträglichen Geschichte der Kreuzigung Jesu erschien mir die Gestalt der Mutter am Fuß des Kreuzes lange Zeit wie ein Lichtblick. Mag alles auch noch so unerträglich sein, die Mutter hält es aus. Sie hält stand. Sie läuft nicht weg. Noch lange war es mir ein tröstlicher Gedanke, dass Jesus in den letzten Stunden seine Mutter bei sich hatte. Später dann, als ich selbst Mutter war, fragte ich mich manchmal, ob es nicht umgekehrt war: Vermutlich hat nicht Maria ihrem Sohn Jesus durch ihre Gegenwart Trost gegeben, sondern Jesus muss es gewesen sein, der ihr Kraft zum Durchhalten gab. Er, der selbst in den Qualen seiner mühsamen letzten Atemzüge noch fürsorgend und mitfühlend an seine Mutter dachte. Nicht sie gab ihm Kraft, alles auszuhalten, sondern er ihr. Denn Mutterliebe hat ihre Grenzen, wie alle menschliche Liebe. Aber die Liebe Gottes in Jesus lässt sich durch die übelste Brutalität der Menschen nicht zerbrechen, nicht zerstören, nicht abschwächen. Und der Anblick dieser Liebe erst ist es, der auch die menschliche Mutterliebe oder Vaterliebe, Geschwister- oder Partnerliebe wieder mit neuer Energie auflädt, bis wir wieder an die Wahrheit des kühnen Pauluswortes glauben können: „Die Liebe erträgt alles, verliert nie den Glauben, bewahrt stets die Hoffnung und bleibt bestehen, was auch geschieht.“ Es gibt eben nur eine Liebe, die wirklich alles aushält.

„Stabat Mater“, die standhafte Mutter – ein kraftvolles, tröstliches Symbol. Und doch nur ein schwacher Abglanz dessen, was Jesus in die Welt gebracht hat. Für diejenigen, deren Mütter nicht standhielten, und die diese Erfahrung des Beistandes nicht machen konnten, gibt es Hoffnung. Es gibt die Hoffnung, dass sie auf einer noch viel tieferen Ebene jene Liebe erfahren dürfen, die in Wahrheit allem standhält.